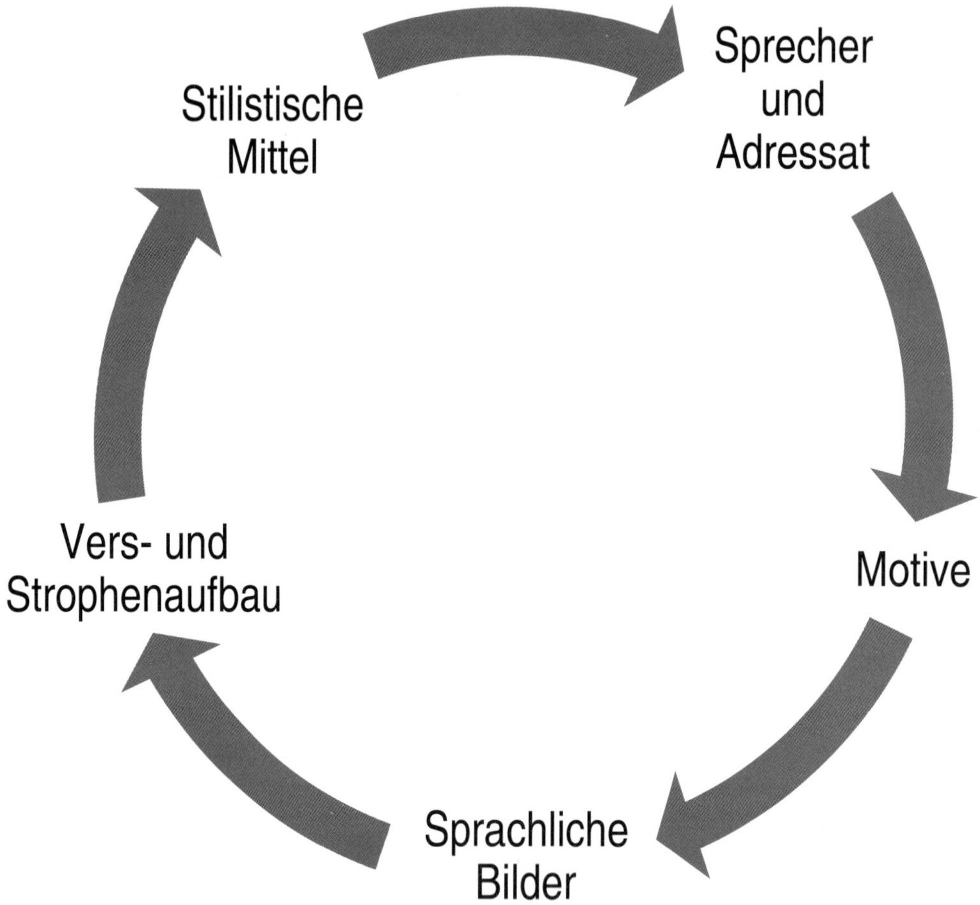

Einführung

„Die moderne Großstadt ist bar aller Poesie, – wie oft das schon ausgesprochen worden ist! Man durchblättere die nachgelassenen Briefwechsel von Dichtern, die gezwungen waren, ihren Lebensabend im emporwachsenden Berlin, dem Berlin, das Großstadt vor ihren Augen wurde, zuzubringen. Klagen, nichts als Klagen! Das Ende aller Poesie ist dieses grauenvolle Häusermeer."[1]

Wilhelm Bölsche

Bereits ein flüchtiger Blick in die gängigen Anthologien zur Großstadtlyrik verdeutlicht, dass die meisten der dort abgedruckten Gedichte der Epoche des Expressionismus entstammen und dabei die Beschäftigung mit der Stadt Berlin deutlich im Vordergrund steht. Zu beachten ist freilich, dass der Begriff der Großstadtlyrik bereits während der Jahrhundertwende entstand. Schon eine im Jahr 1903 veröffentlichte Anthologie[2] trägt den Titel „Großstadtlyrik", in der Gedichte von naturalistischen Autoren wie Otto Erich Hartleben oder Johannes Schlaf vertreten sind – Gedichte also, die sich einerseits mit den Erscheinungen des städtischen Lebens thematisch auseinandersetzen, für die andererseits aber ein *lyrischer Stil* kennzeichnend ist, der von den Autoren selbst als ein *urbaner Stil* verstanden werden will.

„Niemand leugnet mehr, daß von allen Kunstformen die verlassenste und die verkannteste heute die Lyrik ist. Vielleicht nicht einmal ganz zu Unrecht? Vielleicht, weil sie in keiner Weise zu unserer Zeit eine Beziehung hat? [...] Es ist geradezu ein Nonsens, von einem Menschen mit heutigem Niveau zu verlangen, daß er von regelrecht skandierten und gereimten Versen, die breit und behäbig und schwer hinfließen, irgendeine tiefere Wirkung, ein inneres Beben, ein Staunen verspüre! Sein Ohr hat ein anderes Tempo. Sein Auge eilt unmutig über die Zeilen hin [...], es muß [...] eine Form gefunden werden, die der inneren Denkweise des modernen Menschen entspricht. Ihr Hauptfaktor ist: größere Rapidität. Es muß jedem Gelegenheit gegeben werden, ein Gedicht zu goutieren, in welcher Lage er sich auch

[1] Bölsche, Wilhelm: Die Poesie der Großstadt. In: Das Magazin für Litteratur. Jg. 59 (1890) Nr. 40, 4. Oktober, S. 622–625.
[2] Großstadtlyrik. Hg. v. Heinz Möller. Erstausgabe. Leipzig: Voigtländer 1903.

befindet: in der Stadtbahn oder im Lift. Dem Wiener Café entspricht die alte Lyrik: behäbiges Plätschern in sentimentalen Wassern."[3]

Yvan Goll

Es fällt auf, dass sich seit dem Aufkommen des Begriffes der Großstadtlyrik die Dichtung nicht nur thematisch mit dem städtischen Leben beschäftigt, sondern gleichzeitig von den Dichtern ein Stil gefordert wird, der nicht nur der Wahrnehmungsdisposition des modernen, städtisch geprägten Lebens entspricht, sondern diese selbst zum Ausdruck bringt.
Was kennzeichnet diesen besonderen lyrischen Tonfall der Großstadtlyrik? Was machte ihn in den Augen der Dichter so notwendig? Die Antwort ist einfach und liegt auf der Hand. *„Die psychologische Grundlage"*, schreibt Georg Simmel in einem ebenfalls im Jahre 1903 erschienenen Aufsatz,[4] *„auf der der Typus großstädtischer Individualitäten sich erhebt, ist die Steigerung des Nervenlebens, die aus dem raschen und ununterbrochenen Wechsel äußerer und innerer Eindrücke hervorgeht."*
Mit anderen Worten: Die großstädtische Reizüberflutung macht dem Menschen zu schaffen. Das Stadtleben fasziniert, es macht den Menschen aber zugleich auch unruhig und nervös, sodass er, bis heute, das urbane Leben als ambivalent erlebt.

„Man möchte das Herz der Großstadt an sein Ohr legen, wie man eine Muschel ans Ohr legt, um aus ihrem dumpfen Brausen Märchen des Lebens und die singenden Abgründe seiner Meere zu erlauschen. Man möchte eine Harfe finden seltsamster Laute voll, fähig, den wilden Wirbel in Tönen zu malen, der uns hinreißt, bestürzt, betäubt, überwältigt: die donnernden Hymnen der tausend Elektrischen, die Seiltänzerkunststücke der Schwebebahnen, das alte Postkutschenidyll, fortgesponnen in den Omnibussen, die grün- und rotäugige Raserei apokalyptisch dahinhetzender Kraftfahrzeuge, die dumpfen Katarakte der Droschken, die – o Wunder – der Wink eines einzelnen Menschen staut, das inbrünstige Hineinstürzen der Stadtbahnen unter kühne Wölbungen, die kühner als die Bögen geschwungener Kathedralen – man möchte die Klänge alles dessen zusammenbinden, das an unserm Leben mitläuft, mitträumt und -treibt."[5]

Arthur Silbergleit

Durs Grünbein (geb. 1962)
In einer U-Bahn

In einer U-Bahn, früh am Morgen, lag ein Toter
Erwürgt mit einem Draht. Aus seinen Ohren quoll
Musik aus einem walkman irgendwo im Innern

Der Lederjacke, blutverschmiert. Sein kahler Schädel
Hing über die zerbrochne Sitzbank wo mit Filzstift
In Kinderschrift geschrieben stand »Du Arschloch!«

Das ambivalente Erleben des Urbanen bleibt nicht ohne Folgen. Die *„rasche Zusammendrängung wechselnder Bilder, der schroffe Abstand innerhalb dessen, was man mit einem Blick umfasst, die Unerwartetheit sich aufdrängender Impressionen"*, schreibt Simmel weiter, rege zwar einerseits das Bewusstsein an, verbrauche es aber auch zugleich, und zwar mit *„mit jedem Gang über die Straße, mit dem Tempo und den Mannigfaltigkeiten des wirtschaftlichen, beruflichen, gesellschaftlichen Lebens."* Diese Bewusstseinssteigerung, von der Simmel spricht, schlägt ihm zufolge aber in ihr Gegenteil um und führt zur Abgestumpftheit, in eine *„eigentümliche Anpassungserscheinung der Blasiertheit, in der die Nerven ihre letzte Möglichkeit, sich mit den Inhalten und der Form des Großstadtlebens abzufinden, darin entdecken, dass sie sich der Reaktion auf sie versagen – die Selbsterhaltung gewisser Naturen, um den Preis, die ganze objektive Welt zu entwerten, was dann am Ende die eigene Persönlichkeit unvermeidlich in ein Gefühl gleicher Entwertung hinabzieht."*
Und das interessanterweise nicht erst zur Jahrhundertwende:

„So schwimmt man geblendet an Augen, betäubt an Ohren, gelockt, gezupft, gerufen von allen Seiten, in dem Wirbel mit um ... wie durch einen Instinkt immer dahin gezogen, wo der meiste Staub und das größte Gewimmel ist."[6]

Ernst Moritz Arndt

„Dieses übertriebene London erdrückt die Phantasie und zerreißt das Herz. Und wolltet ihr gar einen deutschen Poeten hinschicken, einen Träumer, der vor jeder einzelnen Erscheinung stehen bleibt, etwa vor einem zerlumpten Bettelweib oder einem blanken Goldschmiedladen – oh! Dann geht es ihm recht schlimm, und er wird von allen Seiten fortgeschoben oder gar mit einem milden „God damn!" niedergestoßen. [...] Schon genug gesehen und gehört, aber noch keine einzige klare Anschauung. London hat all meine Erwartungen übertroffen in Hinsicht seiner Großartigkeit, aber ich habe mich selbst verloren."[7]

Heinrich Heine

---

3 Yvan Goll: Hai-Kai. Zitiert nach: Kaes, Anton (Hg.): Manifeste und Dokumente zur deutschen Literatur 1918–1933. Stuttgart: J. B. Metzler 1983, S. 439–441.

4 Simmel, Georg: Die Großstadt. Vorträge und Aufsätze zur Städteausstellung. Jahrbuch der Gehe-Stiftung Dresden. Hg. von Thomas Petermann. Dresden 1903, Band 9, S. 185–206.

5 Silbergleit, Arthur: Die Stimme der Stadt. Zitiert nach: Kluwe, Sandra: Großstadt-Lyrik im Expressionismus. In: Großstadt in der Literatur. Fachtagung für Lehrerinnen und Lehrer. Online-Dokumentation. Bildungszentrum Eichholz der Konrad-Adenauer-Stiftung. 21.–23. September 2003, S. 8. (http://www.kas.de/db_files/dokumente/7_dokument_dok_pdf_4018_1.pdf)

6 Arndt, Ernst Moritz: Ernst Moritz Arndts Reisen durch einen Theil Teutschlands, Ungarns, Italiens und Frankreichs in den Jahren 1798 und 1799. Vierter Theil. 2., verbesserte und vermehrte Auflage. Leipzig: Heinrich Gräff 1804.

7 Heinrich Heine: Werke und Briefe in zehn Bänden. Band 3, Berlin und Weimar [2]1972, S. 422.

Was sollte, was könnte unterrichtlich im Zentrum der Beschäftigung mit dem poetischen Phänomen der (Groß)-Stadtlyrik stehen? Sicherlich einerseits Fragen, die sich mit dem Phänomen des sozialen Massenelends und den Ohnmachtsgefühlen des Individuums beschäftigen, gewiss auch Fragen, die auf die Faszination des Großstadtlebens fokussieren. Aber sollte wesentlich nicht auch darüber gesprochen werden, wie sich die dichterische Imagination und die städtische Realität zueinander verhalten, wie das Erleben des Urbanen artifiziell gestaltet wird und inwiefern die artifizielle Ausdrucksform selbst das eigene Erleben des Urbanen prägt beziehungsweise noch zu prägen vermag?

Für die unterrichtliche Besprechung dieser Fragen sollten bestimmte Voraussetzungen gegeben sein. Hier stellt sich die Frage, wie die Vielfältigkeit der literarischen Auseinandersetzung mit der (Groß)-Stadt, ihrem Erleben und ihrem dichterischen Ausdruck so gegliedert werden kann, dass sie fachlichen Ansprüchen genügt. Behelfsweise kann hier auf das von Jörg von Brincken[8] vorgeschlagene Schema zurückgegriffen werden, das drei Phasen innerhalb der sich mit der Großstadtthematik beschäftigenden Literaturproduktion unterscheidet, nämlich *erstens* die Phase der Entdeckung der Wirklichkeit der Städte, *zweitens* die Phase der deprimierenden Erfahrung ihrer Unwirtlichkeit und *drittens* die Phase der postmodernen Diagnose dieser Unwirtlichkeit.

Weiterhin von ebenso zentraler Bedeutung ist die Frage, wie heutigen Schülerinnen und Schülern ein Zugang zu den jeweils zeitspezifischen Erlebensweisen des Urbanen ermöglicht werden kann. Auch hier wird es vielfach einiger Behelfsweisen in Form von Analogiebildungen bedürfen. Um etwa den Eindruck zu verdeutlichen, den das Berlin der zwanziger Jahre – zu seiner Zeit eine der größten und am schnellsten wachsenden Metropolen der Welt – auf die Zeitgenossen machte, kann es beispielsweise sinnvoll sein, auf Fotografien moderner Weltmetropolen wie Tokio, Mexico-City oder Peking zurückzugreifen. Denkbar ist auch, auf Abbildungen entsprechend einschlägiger Werke der bildenden Kunst zu verweisen, um den spezifisch impressionistischen oder expressionistischen Tonfall zu verdeutlichen. Um Ihnen hier die konkrete Arbeit zu erleichtern, finden Sie auf der beiliegenden CD entsprechendes Bildmaterial.

Im Mittelpunkt der Konzeption des vorliegenden Arbeitsheftes steht – stets im Horizont der oben entwickelten Leitfragen – die analytische Erschließung des spezifisch poetischen Zugangs zur Großstadt. Es besteht im Kern aus 5 Arbeitseinheiten, die sich zentralen Aspekten der Analyse und Interpretation von Gedichten widmen:

- Sprecher und Adressat
- Motive
- Sprachliche Bilder
- Vers- und Strophenbau
- Stilistische Mittel.

Jede dieser Arbeitseinheiten besteht aus einführenden Erklärungen sowie aus ergänzenden Übungen. Wo es fachlich und didaktisch angeraten und sinnvoll erschien, wurde zwischen Grund- und Aufbauwissen unterschieden.

Die Gliederung der Arbeitseinheiten rückt zunächst inhaltliche Aspekte der Texterschließung in den Vordergrund. Die erste Arbeitseinheit (Sprecher und Adressat) entwickelt anhand der Frage: *Wer spricht zu wem?* den Zusammenhang von lyrischem Ich und lyrischem Du; dabei werden auch verständnisrelevante Sonderformen berücksichtigt (Verdeckter Sprecher, Rollengedicht usw.). Die zweite Arbeitseinheit (Motive) widmet sich der Frage, *worüber* in Gedichten gesprochen wird, und die dritte Arbeitseinheit (Sprachliche Bilder), *in welchen (bildhaften oder gedanklichen) Formen* dies geschehen kann. Die abschließenden Arbeitseinheiten widmen sich den scheinbar bloß formalen Aspekten, nämlich dem Vers- und Strophenbau (Arbeitseinheit 4) sowie den stilistischen Mitteln (Arbeitseinheit 5).

Allen Arbeitseinheiten ist gemeinsam, dass im *Einführungsteil* einleitend ein Überblick über die zu erlernenden Phänomene gegeben wird, wie die nachfolgende Grafik, die der dritten Arbeitseinheit (Sprachliche Bilder) entnommen ist, zeigt:

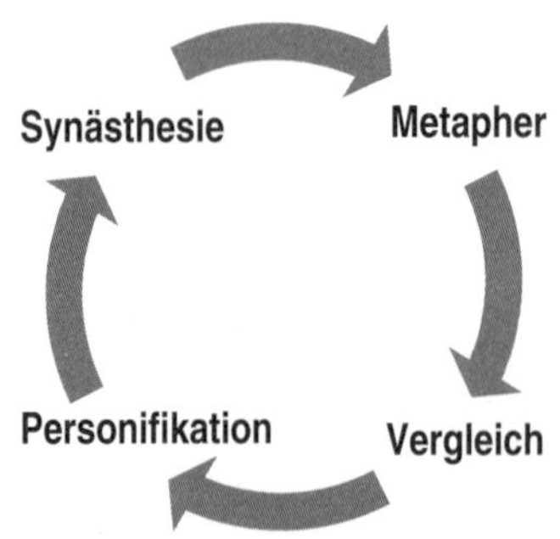

Die Einzelphänomene werden anschließend jeweils definiert:

> *Synästhesien* stellen Sonderformen der Metapher dar, bei denen Eigenschaftsbezeichnungen aus einem Bereich der sinnlichen Wahrnehmung (hören, sehen, schmecken, riechen, tasten) in einen anderen übertragen werden: *schreiendes Rot, heiße Musik, süßer Ton, eisiger Blick, bitterer Schmerz.*

[8] Brincken, Jörg von: Großstadt in Literatur und Film. In: Großstadt in der Literatur. Fachtagung für Lehrerinnen und Lehrer. Online-Dokumentation. Bildungszentrum Eichholz der Konrad-Adenauer-Stiftung, 21.–23. September 2003. (http://www.kas.de/db_files/dokumente/7_dokument_dok_pdf_4018_1.pdf

und visualisiert:

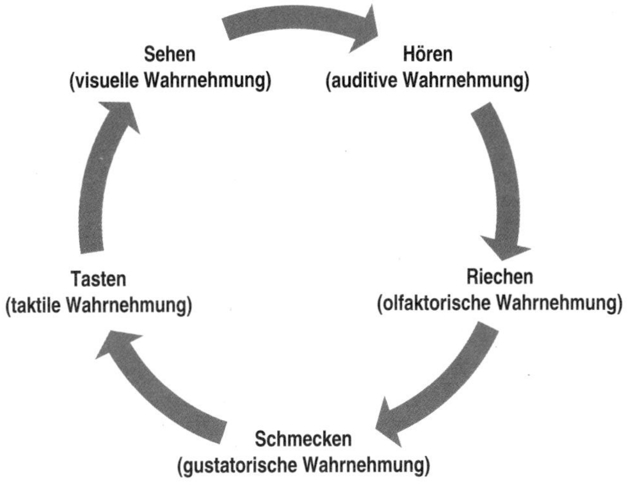

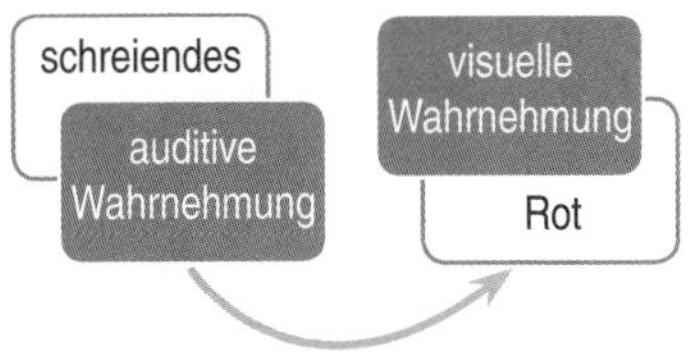

Anschließend wird das jeweilige Phänomen an einem oder mehreren Textbeispielen, in der Regel durch Unterstreichungen, aufgezeigt:

Oskar Loerke (1884–1941)
aus: **Blauer Abend in Berlin**

Gemengt, entwirrt nach blauen Melodien.
Wie eines Wassers Bodensatz und Tand
Regt sie des Wassers Wille und Verstand

Im **Übungsteil** wird das zuvor erlernte Phänomen von den Schülerinnen und Schülern eigenständig erschlossen. Hierzu werden operationalisierte Anleitungen gegeben, die ebenfalls visuell unterstützt werden und sich auf die Gesamtheit der in einer Arbeitseinheit eingeführten Phänomene beziehen können, etwa:

Schritt 1:
Unterstreiche die sprachlichen Bilder des Gedichts und bestimme die jeweilige Form des sprachlichen Bildes.

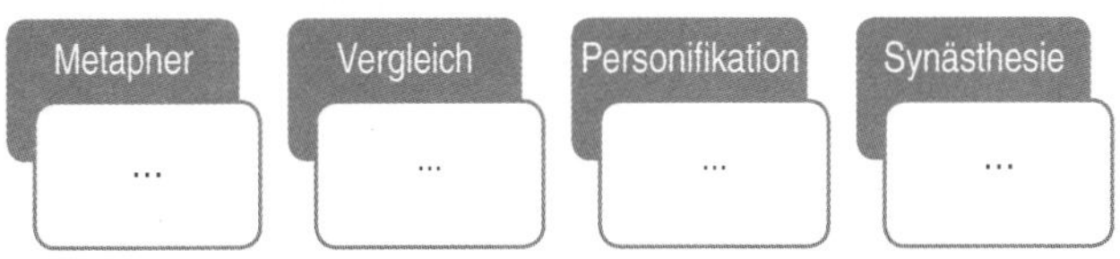

Schritt 2:
Verdeutliche die Bedeutung der sprachlichen Bilder, indem du in eigenen Worten ihre Bedeutung wiedergibst.

Die Materialien sind weitgehend selbsterklärend und lassen sehr viel Raum für die individuelle Unterrichtsgestaltung und damit auch für die erforderliche weitere, über die bloße Analyse von Einzelphänomenen (deren Fokussierung der Navigator allerdings stringent ermöglicht) hinausgehende Beschäftigung mit den Gedichten. Aus diesem Grund wurde in den *Einführungen* bewusst auf die Formulierung von Aufgabenstellungen verzichtet: Zum einen versteht sich jeweils von selbst, was zu tun ist und zum anderen soll unterrichtlichen Gestaltungsentscheidungen und Schwerpunktsetzungen im oben genannten Sinne nicht vorgegriffen werden.

Die diesem Heft beiliegende CD-ROM enthält, neben einer im PDF-Format verfügbaren farbigen Version dieses Arbeitsheftes und den oben bereits erwähnten Bildvorlagen, eine alphabetisch nach Autorennamen sortierte Anthologie derjenigen Gedichte als Word-Datei, die die Textsubstanz dieses Navigators bilden, sowie die wichtigsten Grafiken im DIN-A4-Format, damit diese bequem unterrichtsunterstützend, etwa als Folien, ausgedruckt werden können. Die Gedichte sind in der Anthologie jeweils komplett enthalten, während sie im Heft teilweise nur auszugsweise abgedruckt sind. (Die Erben von Bertolt Brecht verweigern die Veröffentlichung seiner Texte in digitaler Form. Daher ist sein Gedicht nicht in der Anthologie enthalten. Wir bitten, diese Unannehmlichkeit zu entschuldigen.)

Ebenfalls erhältlich ist der *Aufsatz-Navigator: Großstadtlyrik* (Bestellnr.: 10221), der konzeptionell auf den Analyse-Navigator abgestimmt ist und Arbeitsmaterialien enthält, mit deren Hilfe gezielt und systematisch die Verschriftlichung von Analyse- und Interpretationsergebnissen geübt werden kann.

Frank Becker

Frank Becker

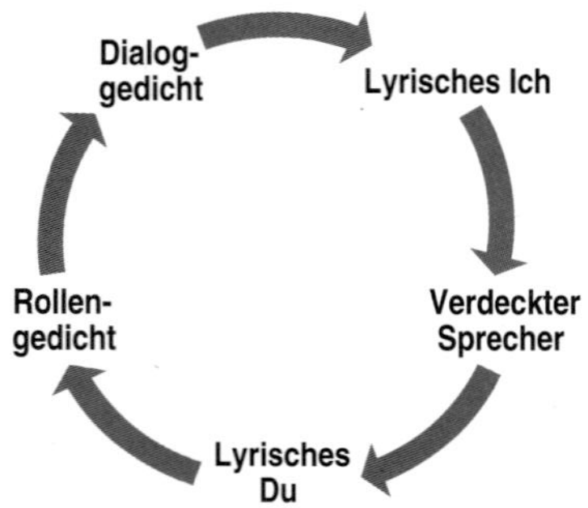

Lyrisches Ich

Der Ausdruck *lyrisches Ich* bezeichnet den *fiktiven Sprecher* oder die *Stimme* eines Gedichts. Es darf nicht mit dem Autor des Gedichts verwechselt werden. Das *lyrische Ich* erscheint in der ersten Person Singular („ich"). Es drückt seine Gedanken und Gefühle aus. Das *lyrische Ich* ist erkennbar an den Personal- und Possessivpronomen der ersten Person Singular, an der Personalform des Verbs, aber auch an Anreden, Ausrufen, Wünschen und Fragen des *lyrischen Ichs.*

Friedrich Nietzsche (1844–1900)
An der Brücke stand

An der Brücke stand
jüngst ich in brauner Nacht.
Fernher kam Gesang;
goldener Tropfen quolls
über die zitternde Fläche weg.
Gondeln, Lichter, Musik –
trunken schwamms in die Dämmrung hinaus ...

Meine Seele, ein Saitenspiel,
sang sich, unsichtbar berührt,
heimlich ein Gondellied dazu,
zitternd vor bunter Seligkeit.
– Hörte jemand ihr zu ? ...

Anmerkung:
Friedrich Nietzsche bezieht sich hier auf Venedig.

Verdeckter Sprecher

In einigen Fällen trifft das *lyrische Ich* keine Aussagen über sich selbst, sondern nur über andere Lebewesen, Gegenstände, Sachverhalte oder Vorgänge. Da das *lyrische Ich* nicht über sich selbst spricht, fehlen Personal- oder Possessivpronomina, an denen es erkennbar wäre.

Georg Heym (1887–1912)
Berlin III

Der Zug hielt eine Weile in den Weichen.
Von einem Tone ward das Ohr gefangen.
Von eines alten Hauses Mauern klangen
Drei Geigen schüchtern auf mit dünnem Streichen.

Drei Männer spielten in dem Hofe leise,
Von Regen waren naß die Pelerinen[1].
Der Blinden Schirm trug einer unter ihnen.
Die Kinder standen um sie her im Kreise.

Indes am niedren Bodenfenster oben
Ein alter Mann sah auf zum Wolkenfalle
Die stürmend sich am grauen Himmel schoben.

Der Zug fuhr an. Wir brausten in die Halle
Des Bahnhofs ein, die voll war von dem Toben
Des Weltstadtabends, Lärm und Menschenschwalle.

Worterklärung:
[1] Pelerine: Schulterumhang

Lyrisches Du

Der Ausdruck *lyrisches Du* bezeichnet den Adressaten des Gedichts. Hierbei handelt es sich entweder um eine unbestimmte Person, die mit „Du" angeredet wird, ein bestimmtes Wesen (Gott, einen bestimmten Menschen, einen personifizierten Gegenstand), um den Leser oder um das *lyrische Ich* selber, das sich mit „Du" anredet, um Distanz zu sich selbst zu gewinnen.

Theodor Storm (1817–1888)
Die Stadt

Am grauen Strand, am grauen Meer
Und seitab liegt die Stadt[1];
Der Nebel drückt die Dächer schwer,
Und durch die Stille braust das Meer
Eintönig um die Stadt.

Es rauscht kein Wald, es schlägt im Mai
Kein Vogel ohn Unterlaß[2];
Die Wandergans mit hartem Schrei
Nur fliegt in Herbstesnacht vorbei
Am Strande weht das Gras.

Doch hängt mein ganzes Herz an dir,
Du graue Stadt am Meer;
Der Jugend Zauber für und für
Ruht lächelnd doch auf dir, auf dir,
Du graue Stadt am Meer.

Worterklärung:
[1] Die Stadt: Husum
[2] ohne Unterlass: ununterbrochen, ohne aufzuhören

Hugo von Hofmannsthal (1874–1929)
Siehst du die Stadt?

Siehst du die Stadt, wie sie da drüben ruht,
Sich flüsternd schmieget in das Kleid der Nacht?
Es gießt der Mond der Silberseide[1] Flut
Auf sie herab in zauberischer Pracht.

Der laue Nachtwind weht ihr Atmen her,
So geisterhaft, verlöschend leisen Klang:
Sie weint im Traum, sie atmet tief und schwer,
Sie lispelt, rätselvoll, verlockend bang ...

Die dunkle Stadt, sie schläft im Herzen mein
Mit Glanz und Glut, mit qualvoll bunter Pracht:
Doch schmeichelnd schwebt um dich ihr Widerschein,
Gedämpft zum Flüstern, gleitend durch die Nacht.

Anmerkung:
Hugo von Hofmannsthal, der dieses Gedicht als 16-Jähriger schrieb, bezieht sich hier auf seine Heimatstadt Wien.

Worterklärung:
[1] Silberseide: silbern schimmernder Seidenstoff

Rollengedicht

Wird der Sprecher des Gedichts namentlich, etwa im Titel des Gedichts genannt, spricht man von einem *Rollengedicht*. Das *lyrische Ich* spricht dabei aus der Perspektive einer *Figur*, in deren *Rolle* es geschlüpft ist.

Karl Mickel (1935–2000)
Hofgeschrei

Wo ist der Ball?
Such sofort den Ball!
Du sollst den Ball suchen!
Such den Ball!
Wenn du den Ball nicht hast,
brauchst du gar nicht erst rauf zu kommen.
Du sollst den Ball suchen!
hab ich dir gesagt.
Da links in der Ecke.
Wo ist der Ball?
Komm ja nicht rauf ohne Ball!
Sofort sollst du den Ball suchen!
hab ich dir gesagt.
Wenn du den Ball nicht suchst,
brauchst du gar nicht rauf zu kommen.
Du sollst sofort mit dem Ball raufkommen!
hab ich dir gesagt.
Wo ist der Ball?
Such sofort den Ball!
Du kriegst Dresche,
wenn du ohne Ball rauf kommst!
Komm sofort rauf!
Du sollst den Ball suchen!
hab ich dir gesagt!

Entstanden: 1968

Dialoggedicht

Sprechen in einem Gedicht verschiedene Sprecher miteinander, spricht man von einem *Dialoggedicht*.

Christian Morgenstern (1871–1914)
Der Tod und der einsame Trinker
Eine Mitternachtszene

»Guten Abend, Freund!«
»Dein Wohl!«
»Wie geht's?«
»Dein Wohl!«
»Schmeckt's?«
»Dein Wohl!«
»Du zürnst mir nicht mehr?«
»Dein Wohl!«
»Im Ernst?«
»Dein Wohl!«
»Hab Dank!«
»Dein Wohl!«
»Aber –«
»Dein Wohl!«
»Zuviel!«
»Dein Wohl!«
»Nun –«
»Dein Wohl!«
»Wie du willst!«
»Dein Wohl!«
»Narr!«
»Dein Wohl!«
»Genug!«
»Dein –«

Den Sprecher und den Adressaten des Gedichts bestimmen

Schritt 1:
Bestimme den Sprecher des Gedichts und ermittle möglichst genau, wer spricht.

Schritt 2:
Finde heraus, worüber der Sprecher spricht.

Schritt 3:
Finde heraus, was der Sprecher ausdrückt: Was und wie empfindet und denkt er?

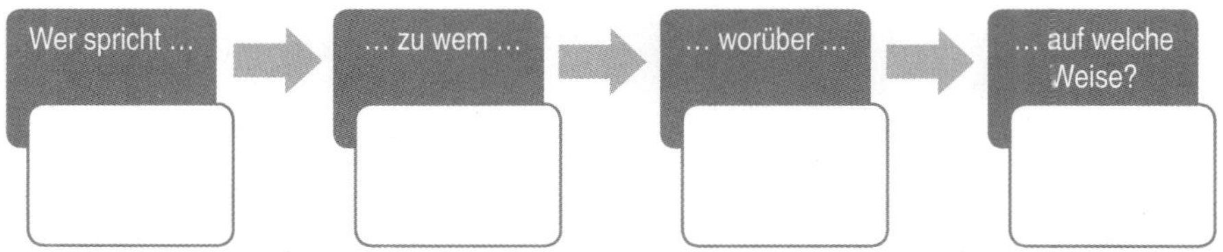

Georg Heym (1887–1912)
Der Sonntag

Die Havel[1] träumt. Der Dampfer stuckert[2]. „Sie
Wat stoßen Sie dem Kinde." „Fahrschein bitte."
Und vorwärts schwebst du selig durch die Mitte
In lichter[3] Kaffeegärten Poesie,

Die an das Ufer sich verloren betten.
Dahinter rauscht ein … Wald.
„Max setz dir hin. Sonst wird dein Kaffee kalt."
Und friedlich stinkt es von den Toiletten.

Nun stocherst du im grauen Straßenbrei.
Rechts wird der Leierleute Kunst gepflegt.
Und Gäuche[4] steigen linker Hand vorbei.

Der Mond[5] nur (wohlgenährt) und unbewegt,
Er sitzt im Himmel wie ein Papagei[6]
Der manchmal mit den dicken Flügeln schlägt.

Worterklärungen:
[1] Havel: Nebenfluss der Elbe, der auch durch Berlin fließt
[2] stuckern: holpernde Bewegung beim Fahren
[3] licht: spärlich
[4] Gäuche: Das Wort Gauch ist doppeldeutig. Es bezeichnet einerseits einen Kuckuck, andererseits einen Narren.
[5] Mond: Symbol der Fruchtbarkeit und Weiblichkeit, aber auch des Weltuntergangs
[6] Papagei: Symbol der Jungfräulichkeit, aber auch der Eitelkeit

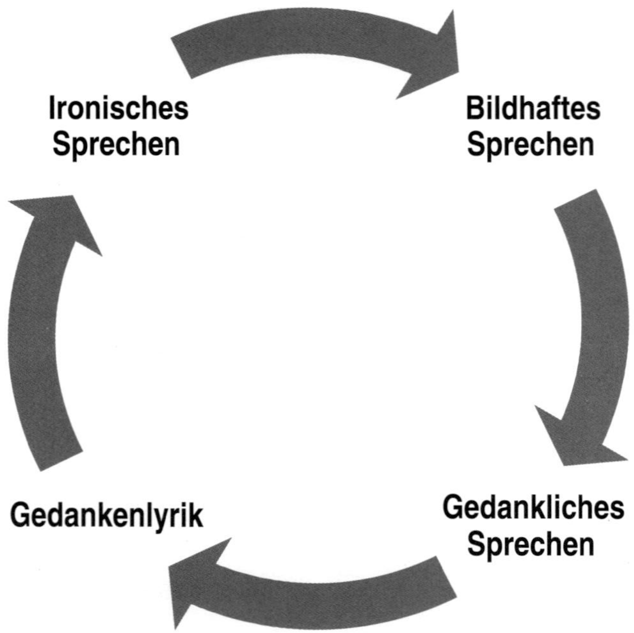

Bildhaftes Sprechen

Der lyrische Sprecher bringt sein Thema vielfach vor allem in bildhafter Form zum Ausdruck. Vom bildhaften Ausdruck des lyrischen Sprechers sind dessen erklärende und wertende Gedanken zu den von ihm geschaffenen Bildern zu unterscheiden.

Paul Boldt (1885–1921)
Auf der Terrasse des Café Josty[1]

Der Potsdamer Platz[2] in ewigem Gebrüll
Vergletschert alle hallenden Lawinen
Der Straßentrakte: Trams auf Eisenschienen,
Automobile und den Menschenmüll.

Die Menschen rinnen über den Asphalt,
Ameisenemsig, wie Eidechsen flink.
Stirne und Hände, von Gedanken blink[3],
Schwimmen wie Sonnenlicht durch dunklen Wald.

Nachtregen hüllt den Platz in eine Höhle,
Wo Fledermäuse, weiß, mit Flügeln schlagen
Und lila Quallen liegen – bunte Öle;

Die mehren sich, zerschnitten von den Wagen. –
Aufspritzt Berlin, des Tages glitzernd Nest,
Vom Rauch der Nacht wie Eiter einer Pest.

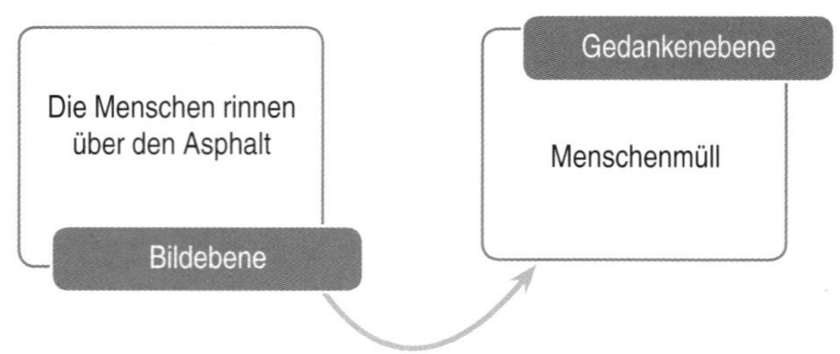

Worterklärungen:
[1] Café Josty: Berliner Konditorei, deren bekannteste Filiale das Künstlercafé am Potsdamer Platz in Berlin war.
[2] Potsdamer Platz: Bis zum Zweiten Weltkrieg war der Potsdamer Platz vor dem gleichnamigen Fernbahnhof mit seinen vielen sich kreuzenden Straßenbahn- und Omnibuslinien und einer der ersten Lichtzeichenanlagen auf dem Kontinent einer der verkehrsreichsten Plätze Europas.
[3] blink: vor Sauberkeit glänzend

Gedankliches Sprechen

Viele Gedichte sind dadurch gekennzeichnet, dass der lyrische Sprecher einen bestimmten Gedankengang in den Vordergrund seines Gedichts stellt, etwa indem er Behauptungen aufstellt, diese mit Beispielen belegt, Schlussfolgerungen zieht und seine Gedanken begründet.

Zu beachten ist, dass die geäußerten Gedanken in bildhafter Form vom *lyrischen Ich* ausgedrückt werden können. Ist dies der Fall, muss immer vom Gesagten auf das Gemeinte geschlossen werden.

Bertolt Brecht (1898–1956)
Die Rückkehr

Die Vaterstadt, wie find ich sie doch?
Folgend den Bomberschwärmen
Komm ich nach Haus.
Wo denn liegt sie? Wo die ungeheueren
Gebirge von Rauch stehen.
Das in den Feuern dort
Ist sie.

Die Vaterstadt, wie empfängt sie mich wohl?
Vor mir kommen die Bomber. Tödliche Schwärme
Melden euch meine Rückkehr. Feuersbrünste
Gehen dem Sohn voraus.

Anmerkung:
Vaterstadt: Brecht bezieht sich hier auf seine Heimatstadt Augsburg.

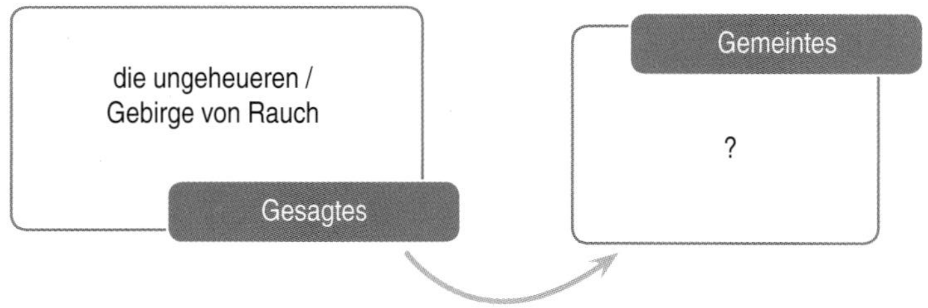

Gedankenlyrik

Als *Gedankenlyrik* bezeichnet man Gedichte, in denen der lyrische Sprecher seine Gedanken unmittelbar, also in nicht bildhafter Form, zum Ausdruck bringt. Aus der Abfolge der Gedanken, Empfindungen und Wahrnehmungen des lyrischen Sprechers ergibt sich vielfach die Gliederung des Gedichts. Dabei können in vielen Fällen die folgenden gedanklichen Gliederungsformen unterschieden werden: *linearer Aufbau* (Aneinanderreihung der Gedanken), *antithetischer Aufbau* (Gedanken stehen sich als Gegensätze gegenüber), *argumentativer Aufbau* (Gedanken laufen auf eine Schlussfolgerung hinaus).

Theodor Fontane (1819–1898)
Welches von beiden

Rom im Siebenhügelkranz[1],
Cremmen[2], Schwante[2], Vehlefanz[2],
Nemi-See[3], Genzano[4]-Sträußchen,
Stralau[5], Treptow[5], Eierhäuschen[6],
Blick auf Forum[7], Ara Celi[8],
Tasse Kaffee bei Stehely[9],
Lockt auch Fremde. Schönheit. Pracht.
Glücklicher hat mich die Heimat gemacht.

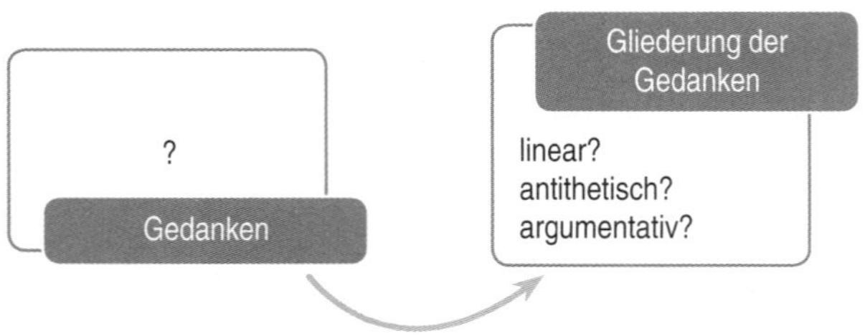

Worterklärungen:
[1] Siebenhügelkranz: Rom wurde auf sieben Hügeln erbaut.
[2] Cremmen, Schwante, Vehlefanz: Ortschaften in der Nähe Berlins
[3] Nemi-See: See in den Bergen Mittelitaliens, 30 Kilometer vor Rom
[4] Genzano: Ortschaft am Nemi-See
[5] Stralau, Treptow: Berliner Ortsteile
[6] Eierhäuschen: früher beliebtes Berliner Ausflugslokal
[7] Forum: gemeint ist das Forum Romanum in Rom
[8] Ara Celi: gemeint ist die berühmte römische Kirche Santa Maria in Aracoeli
[9] Stehely: Berliner Konditorei

Ironisches Sprechen

Ironisches (von griechisch *eironeía,* Verstellung) *Sprechen* zielt darauf ab, mit scheinbarer Ernsthaftigkeit Verhaltensweisen, Äußerungen, Gedanken oder Charaktereigenschaften spöttisch zu belächeln. Wer ironisch spricht, tut so, als ob er tatsächlich meint, was er sagt, obwohl er das Gegenteil denkt: *„Das hast du aber fein gemacht!"* (Eine Mutter zu ihrem Kind, das gerade sein Spielzeug kaputt gemacht hat).
Ironisches Sprechen ist an die Erwartung des Sprechers an seine Leser oder Zuhörer geknüpft, dass diese den eigentlichen Sinn der ironischen Äußerung verstehen, weswegen der ironische Sprecher manchmal Hinweise darauf gibt, wie er seine ironisch gemeinte Äußerung verstanden wissen will.

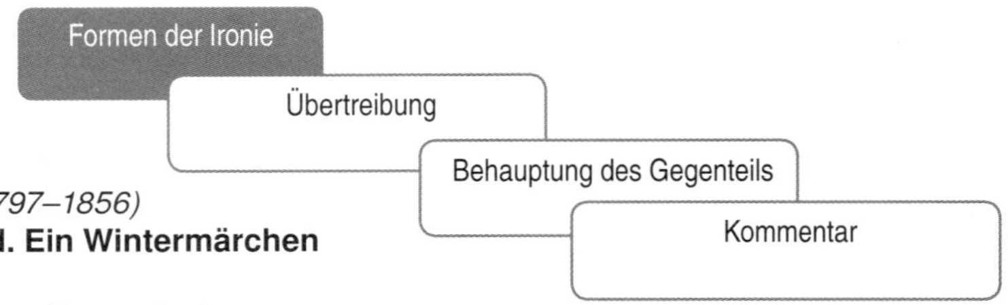

Heinrich Heine (1797–1856)
aus: **Deutschland. Ein Wintermärchen**

Zu Aachen[1], im alten Dome, liegt
Carolus Magnus[2] begraben.
(Man muß ihn nicht verwechseln mit Karl
Mayer, der lebt in Schwaben.)

Ich möchte nicht tot und begraben sein
Als Kaiser zu Aachen im Dome;
Weit lieber lebt' ich als kleinster Poet
Zu Stukkert[3] am Neckarstrome.

Zu Aachen langweilen sich auf der Straß'
Die Hunde, sie flehn untertänig:
»Gib uns einen Fußtritt, o Fremdling, das wird
Vielleicht uns zerstreuen[4] ein wenig.«

Worterklärungen:
[1] Aachen: Residenzstadt Karls des Großen
[2] Carolus Magnus: Karl der Große
[3] Stukkert: Stuttgart
[4] zerstreuen: hier: sich ablenkend unterhalten, die Zeit vertreiben

Bilder und Gedanken bestimmen

Schritt 1:
Ermittle die Bilder und Gedanken, mit denen der lyrische Sprecher sein Gedicht gestaltet.

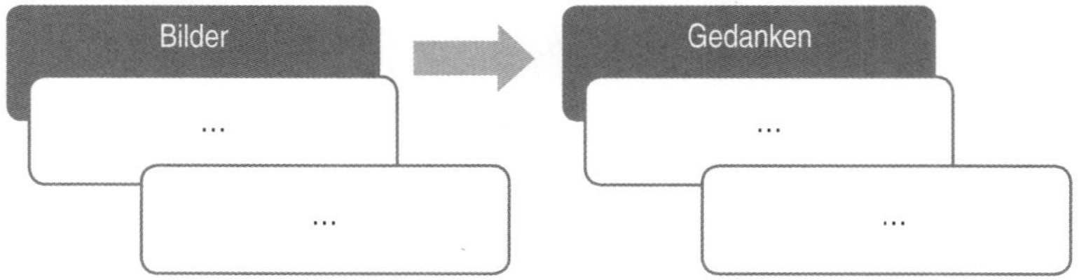

Schritt 2:
Verdeutliche dir die Bedeutung des bildhaft Gesprochenen.

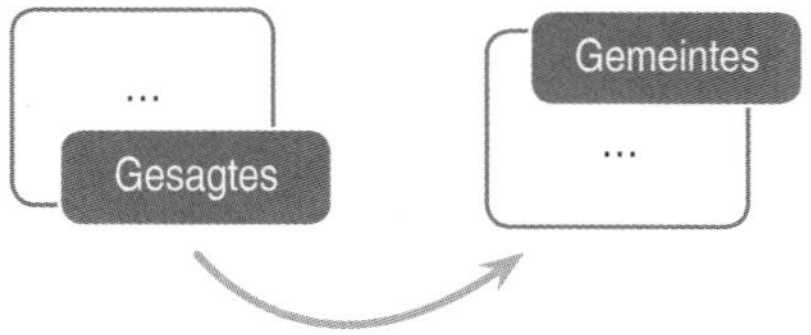

Schritt 3:
Verdeutliche dir die gedankliche Struktur des Gedichts.

Friedrich Hebbel (1813–1863)
Venedig

Wie ein verwirklichter Traum begrüßt dich das bunte Venedig[1],
Wenn du es flüchtig durchschiffst: nicht die versunkene Stadt[2]
Glaubst du vor dir zu sehen, von welcher die Dichter erzählen,
Diese dünkt[3] dir im Meer gleich von Tritonen[4] erbaut,
Und du taumelst dahin, wie unter Korallen und Muscheln,
Und verwunderst dich nur, daß dich die Flut nicht ereilt.
Alles Uebrige paßt hinein in den Rahmen: der Doge[5],
Der sich den Wellen vermählt, und das vermummte Gericht,
Ja die Brücke der Seufzer[6], erscheinen dir hier so natürlich,
Wie in des Oceans Nacht Fische mit Sägen im Haupt.
Laß dir aber vom Führer berichten, wie alles entstanden,
Und das phantastische Bild löst in Vernunft sich dir auf!

Worterklärungen:
1 bunte Venedig: Anspielung auf den berühmten Karneval in Venedig, der viele mythische Elemente besitzt
2 versunkene Stadt: Anspielung auf den antiken und versunkenen Vorläufer Venedigs
3 dünken: jdm. so vorkommen, scheinen (gehoben, veraltend)
4 Tritonen: In der griechischen Sage Diener des Meeresgottes Poseidon oder der Liebesgöttin Aphrodite und Liebhaber der Nereiden (Nymphen). Sie werden mit zwei Fischschwänzen anstatt der menschlichen Beine oder mit einem Fischschwanz und Vorderbeinen eines Pferdes an der Hüfte dargestellt.
5 Doge: Der Doge, von lateinisch Dux „Führer, Anführer, Fürst", war das Staatsoberhaupt der Republik Venedig. Der Doge residierte am unmittelbar am Wasser gelegenen Dogenpalast.
6 Brücke der Seufzer: Die Seufzerbrücke liegt zwischen dem Dogenpalast und den Prigioni nuove, dem neuen Gefängnis. Die Brücke erhielt erst im Zeitalter der Romantik ihren Namen, in der Vorstellung, dass die Gefangenen auf ihrem Weg ins Gefängnis von hier aus zum letzten Mal mit einem Seufzen einen Blick in die Freiheit der Lagune werfen konnten.

August Heinrich Hoffmann von Fallersleben (1798–1874)
Römisches Helldunkel

Wenn ich die vielen Pfaffen[1] sehe
Zu Rom in ihrer schwarzen Tracht,
Dann wird's am hellen, lichten Tage
Vor meinen Augen dunkle Nacht.

Erst beim Ave-Maria[2]-Läuten,
Wenn heim die Pfaffen ziehn zu Nest,
Dann ist es mir in Rom geworden,
Als ob der Tag sich blicken läßt.

Worterklärungen:
1 Pfaffe: abwertende Bezeichnung für einen Geistlichen
2 Ave Maria: Ave Maria (Gegrüßet seist Du, Maria) ist der lateinische Beginn und gleichzeitig die Bezeichnung eines Grundgebetes der katholischen Kirche. Mit diesem Gebet wird Maria, die Mutter von Jesus Christus, angerufen.

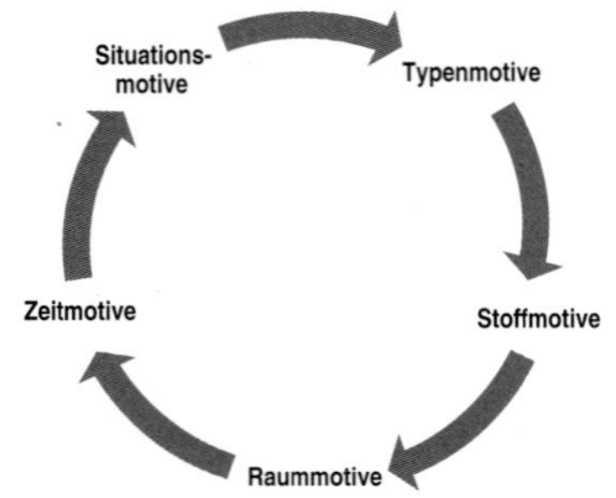

Situationsmotive

Situationsmotive bringen Lebenssituationen und Vorgänge zur Sprache. Sie deuten eine Handlung an, ohne dass diese im eigentlichen Sinne erzählt wird. Zu den *Situationsmotiven* gehören beispielsweise: *Tod, Einsamkeit, Schifffahrt, Spaziergang, Ankunft, Abschied, Liebesleid, Träume.*

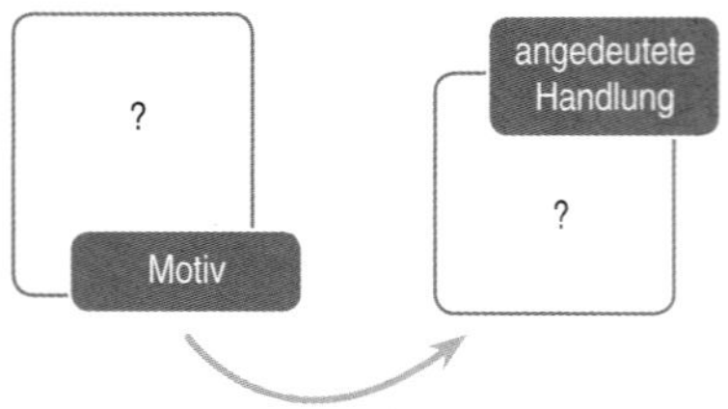

Durs Grünbein (geb. 1962)
In einer U-Bahn

In einer U-Bahn, früh am Morgen, lag ein Toter
Erwürgt mit einem Draht. Aus seinen Ohren quoll
Musik aus einem walkman irgendwo im Innern

Der Lederjacke, blutverschmiert. Sein kahler Schädel
Hing über die zerbrochne Sitzbank wo mit Filzstift
In Kinderschrift geschrieben stand »Du Arschloch!«

„In einer U-Bahn“, aus: Durs Grünbein, Den Teuren Toten. 33 Epitaphe. Gedichte.

Typenmotive

Wird in einem Gedicht über nicht näher bezeichnete Personen oder Personengruppen gesprochen, bezeichnet man dies als *Typenmotiv*. Zu *Typenmotiven* gehören beispielsweise: *die Geliebte, der Verliebte, der Verlassene, der Dichter.*

Carl Busse (1872–1918)
Berlin

Nachmittags treibt mich der Sonnenschein
In die hellen Straßen und Gassen hinein.
Dienstmädchen treff' ich, den Korb am Arm,
Dort spielt im Sande ein Kinderschwarm,
Lieutnants[1] rasseln an mir vorbei,
Ferne ein schriller Stadtbahnschrei,
Pferdebahnklingeln und Wagengestampf,
Aus den Fabriken bläulicher Dampf,
Das Grün auf den Plätzen so farbensatt,
Und die Sonne schimmert über die Stadt,
Über mein schönes Berlin!

Vor mir ein Backfisch[2] mit reizendem Zopf,
An jedem Fenster ein Blumentopf,
Plötzlich ein Rufen und Hurrahgeschrei,
Grüßend fährt unser Kaiser vorbei.
Brückenbögen geht es hinauf,
Schäumendes Wasser und Dampfergeschnauf[3],
Ein Zettel ist plötzlich in meiner Hand,
Ich lese, bis jemand mich angerannt,
Dann kauf' ich den schönsten Veilchenstrauß
Und such' mir den schneidigsten Backfisch aus –
Mein altes, liebes Berlin!

Worterklärungen:
[1] Lieutnant: Militärangehöriger mit dem niedrigsten Rang in der Dienstgradgruppe der Offiziere
[2] Backfisch: veraltete Bezeichnung für ein Mädchen im Teenageralter
[3] Dampfergeschnauf: Dampferfahrten haben in Berlin eine lange Tradition.

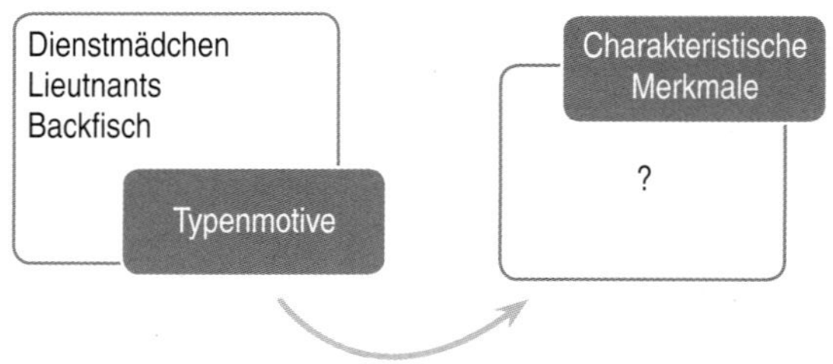

Stoffmotive

Von einem *Stoff* spricht man, wenn von namentlich bekannten Personen oder Figuren die Rede ist, mit denen ein bestimmtes Ereignis, bestimmte Handlungen oder ein bestimmter Konflikt verbunden ist, z. B. *Noah, Zeus, Karl der Große, Robinson Crusoe.*

Ernst Blass (1890–1939)
Arrangement

Ein blauer Abendhimmel, stilisiert.
Singvögel, die teils fleuchen[1] und teils kreuchen[1].
Es tanzen komisch mehrmals an zu viert
Schutzmannskordone[2] mit geschwollnen Bäuchen.

Ein Cyrano[3], teils sehnend und teils sehnig,
Schlägt wundervoll heroische[4] Kapritzen[5].
Es steigt aus den geschärften Häuserspitzen
Der Mond, ein pittoresker[6] Kegelkönig.

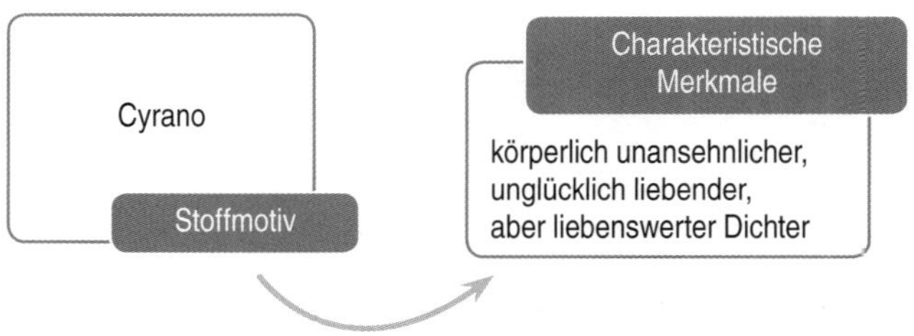

Worterklärungen:
[1] fleuchen und kreuchen: Redewendung: fliegen und kriechen
[2] Kordon: militärische oder polizeiliche Absperrung, um Personen oder einen Gegenstand zu schützen
[3] Cyrano: eigentlich Cyrano de Bergerac (Titelheld eines Versdramas von Edmond Rostand)
[4] heroisch: heldenhaft
[5] Kapritzen: Launen, Eigenheiten, Eigensinnigkeiten
[6] pittoresk: malerisch, schön, verträumt

Raummotive

Die Orte, über die beziehungsweise von denen gesprochen wird, werden als *Raummotive* bezeichnet. Zu den wichtigsten *Raummotiven* der Lyrik gehören: *Wald, Meer, Garten, Friedhof.*

Detlev von Liliencron (1844–1909)
In einer großen Stadt

Es treibt vorüber mir im Meer der Stadt
Bald der, bald jener, einer nach dem andern.
Ein Blick ins Auge, und vorüber schon
Der Orgeldreher dreht sein Lied.

Es tropft vorüber mir ins Meer des Nichts
Bald der, bald jener, einer nach dem andern.
Ein Blick auf seinen Sarg, vorüber schon.
Der Orgeldreher dreht sein Lied.

Es schwimmt ein Leichenzug im Meer der Stadt,
Querweg die Menschen, einer nach dem andern.
Ein Blick auf meinen Sarg, vorüber schon.
Der Orgeldreher dreht sein Lied.

Zeitmotive

Zu den *Zeitmotiven* eines Gedichts zählt man den Zeitpunkt, an dem gesprochen wird sowie die Zeitpunkte beziehungsweise die Zeiträume, über die gesprochen wird, wenn sie eine zentrale Bedeutung für den Inhalt des Gedichts haben. Zu den wichtigsten *Zeitmotiven* gehören: *Dämmerung, Abend, Morgen, Nacht, Tag, die Vergangenheit, die Zukunft.*

Otto Erich Hartleben (1864–1905)
Die du so fern bist in der grossen Stadt

Die du so fern bist in der grossen Stadt,
Ich grüsse dich, die mein vergessen hat.

Einst hast du meiner Tag und Nacht gedacht,
Stunden des Glücks mit mir verbracht, verlacht.

Froh unter Scherzen schlossen wir den Bund –
funkelt dein Auge noch, und lacht dein Mund?

Motive bestimmen

Schritt 1:
Bestimme die Motive eines Gedichts, indem du im Text in unterschiedlichen Farben Hinweise auf die Situations-, Typen-, Raum- und Zeitmotive unterstreichst.

Schritt 2:
Übertrage anschließend deine Arbeitsergebnisse in eigenen Worten in eine Tabelle.

Schritt 3:
Informiere dich ggf. anhand geeigneter Quellen über die in einem Gedicht vorkommenden Stoffmotive und finde heraus, auf welche Art und Weise der lyrische Sprecher Bezug auf die von ihm gewählten Stoffmotive nimmt.

Schritt 4:
Beschreibe, wie die Motive konkret gestaltet sind und finde heraus, ob sie miteinander verknüpft sind.

Situationsmotive	Typenmotive	Stoffmotive	Raummotive	Zeitmotive
?	?	?	?	?

René Schickele (1883–1940)
Der Potsdamer Platz[1]

Ich geh eine ganz vergoldete Straße entlang.
Der Himmel zerfließt im Sonnenuntergang.

Da kommen Frauen, märchenschön,
und bleiben vor glitzernden Läden stehn.

In Blüten schwimmt der Potsdamer Platz,
er träumt vom Mond, dem Götterschatz.

Worterklärung:
[1] Potsdamer Platz: Bis zum Zweiten Weltkrieg war der Potsdamer Platz vor dem gleichnamigen Fernbahnhof mit seinen vielen sich kreuzenden Straßenbahn- und Omnibuslinien und einer der ersten Lichtzeichenanlagen auf dem Kontinent einer der verkehrsreichsten Plätze Europas.

Sarah Kirsch (geb. 1935)
Naturschutzgebiet

Die weltstädtischen Kaninchen
Hüpfen sich aus auf dem
Potsdamer Platz[1]
Wie soll ich angesichts dieser Wiesen
Glauben was mein Großvater sagte
Hier war der Nabel der Welt
Als er in jungen Jahren mit seinem Adler[2]
Ein schönes Mädchen chauffierte.
Durch das verschwundene Hotel
Fliegen die Mauersegler
Die Nebel steigen
Aus wunderbaren Wiesen und Sträuchern
Kaum sperrt man den Menschen den Zugang
Tut die Natur das ihre durchwächst
Noch das Pflaster die Straßenbahnschienen.

Worterklärungen:
[1] Potsdamer Platz: Sarah Kirsch beschreibt die Zustände am Potsdamer Platz nach der 1961 erfolgten gewaltsamen Teilung der Stadt. Die Teilung zerschnitt den Platz und ließ ihn allmählich veröden. Im Westen gab es ein paar Souvenirbuden und einen Aussichtsturm für Touristen und Schulklassen. Im Osten gab es Stacheldraht und Grenzpatrouillen.
[2] Adler: Die Adlerwerke in Frankfurt stellten u.a. Autos und Motorräder her.

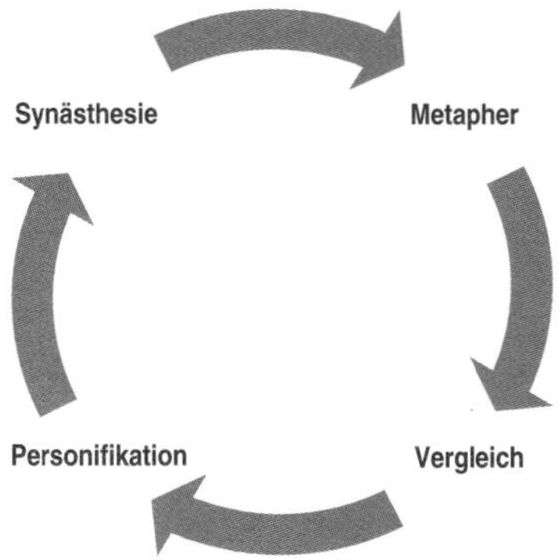

Metapher

Metaphern sind Wörter, die nicht in ihrer ursprünglichen, sondern in einer übertragenen Bedeutung verwendet werden. *Metaphern* dürfen nie wortwörtlich verstanden werden, z. B.: *Wir standen in der Schlange.*

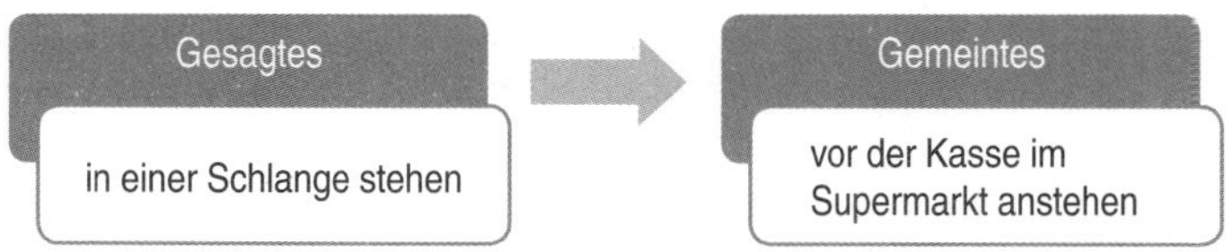

Grundlage der Bedeutungsübertragung ist meist eine Ähnlichkeit, zum Beispiel in der äußeren Form oder in einer Eigenschaft, die aus dem ursprünglichen Vorstellungsbereich (Bildspender) in einen anderen Vorstellungsbereich (Bildempfänger) übertragen wird.

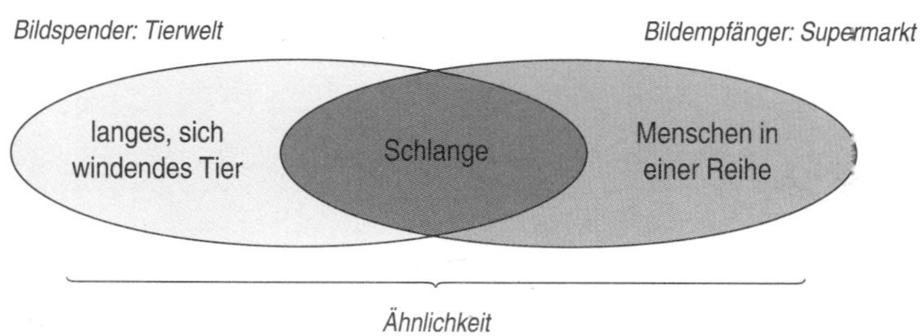

Alfred Lichtenstein (1889–1914)
Sonntagnachmittag

Auf faulen Straßen lagern <u>Häuserrudel</u>,
Um deren Buckel graue Sonne hellt.
Ein parfümierter, halbverrückter kleiner Pudel
Wirft wüste Augen in die große Welt.

In einem Fenster fängt ein Junge Fliegen.
Ein arg beschmiertes Baby ärgert sich.
Am Himmel fährt ein Zug, wo windge Wiesen liegen;
Malt langsam einen langen dicken Strich.

Wie Schreibmaschinen klappen Droschkenhufe[1] .
Und lärmend kommt ein staubger Turnverein.
Aus Kutscherkneipen stürzen sich brutale Rufe.
Doch feine Glocken dringen auf sie ein.

In Rummelplätzen, wo Athleten ringen,
Wird alles dunkler schon und ungenau.
Ein Leierkasten heult und Küchenmädchen singen.
Ein Mann zertrümmert eine morsche Frau.

Worterklärung:
[1] Droschke: Kutsche

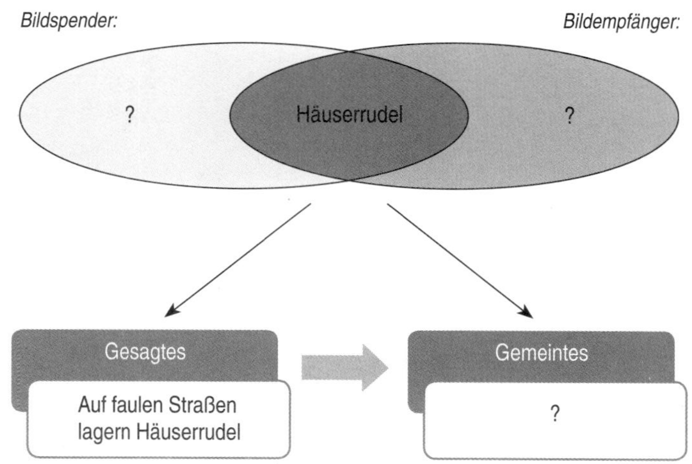

Vergleich

Beim *Vergleich* wird eine Beziehung hergestellt zwischen zwei Vorstellungsbereichen, die eine Gemeinsamkeit aufweisen. Im Unterschied zur *Metapher* werden beim *Vergleich* beide Bereiche ausdrücklich benannt: *schwarz* wie *die Nacht.*

Wie bei der *Metapher* sind die beiden miteinander verbundenen Vorstellungsbereiche durch eines oder mehrere gemeinsame Merkmale miteinander verbunden:

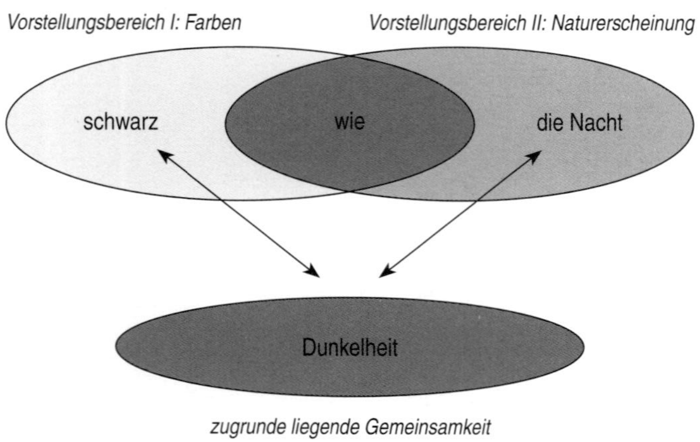

Aus diesem Grund muss auch bei einem *Vergleich* immer auf die übertragene Bedeutung geschlossen werden:

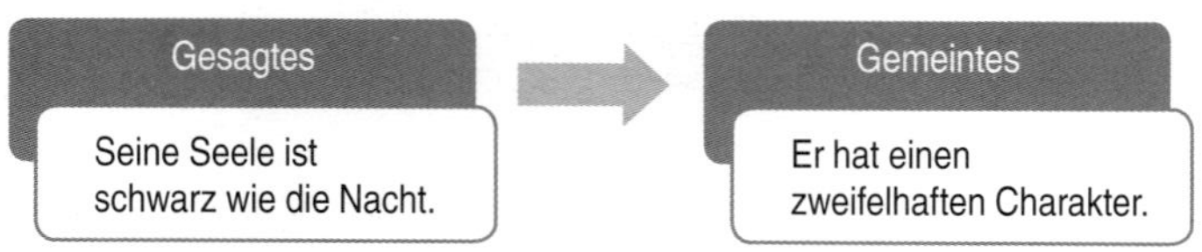

Christian Morgenstern (1871–1914)
Berlin

Ich liebe dich bei Nebel und bei Nacht,
wenn deine Linien ineinander schwimmen, –
zumal bei Nacht, wenn deine Fenster glimmen
und Menschheit dein Gestein lebendig macht.

Was wüst am Tag, wird rätselvoll im Dunkel;
wie Seelenburgen stehn sie mystisch[1] da,
die Häuserreihn mit ihrem Lichtgefunkel;
und Einheit ahnt, wer sonst nur Vielheit sah.

Der letzte Glanz erlischt in blinden Scheiben;
in seine Schachteln liegt ein Spiel geräumt;
gebändigt ruht ein ungestümes Treiben,
und heilig wird, was so voll Schicksal träumt.

Worterklärung:
[1] mystisch: dunkel, geheimnisvoll, rätselhaft, unergründlich

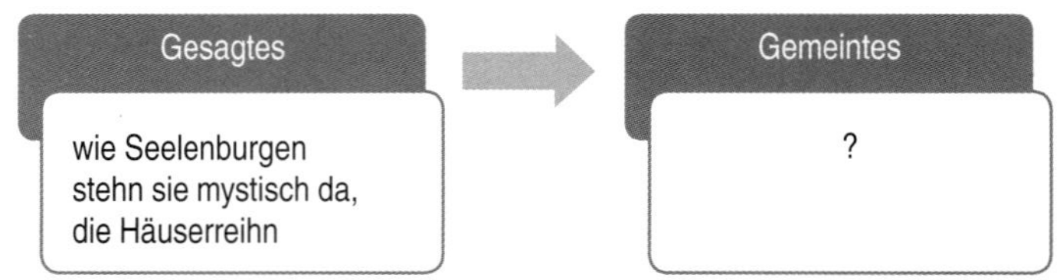

Personifikation

Man spricht von einer *Personifikation*, wenn Nichtmenschliches auf vermenschlichte Art und Weise beschrieben wird: *Der Himmel weint; der lachende Tag; Gelassen stieg die Nacht an Land.*

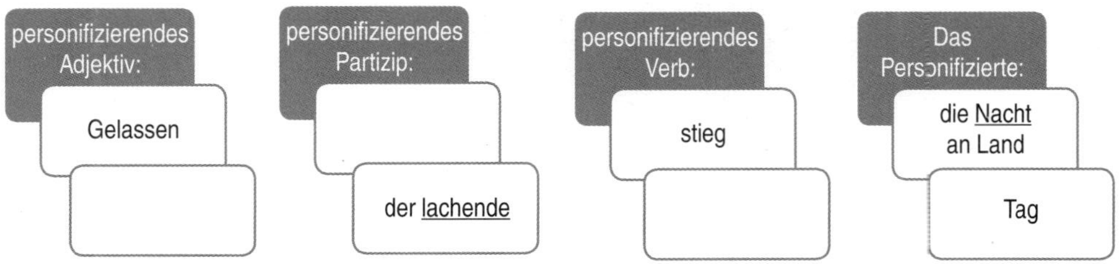

Personifiziert werden Gegenstände, Naturerscheinungen oder Begriffe:

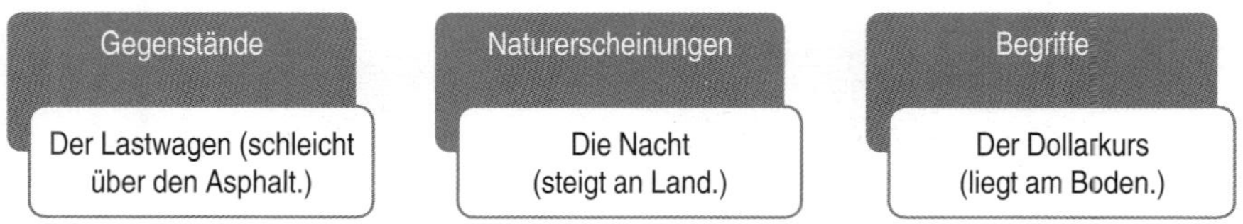

Wie bei allen sprachlichen Bildern muss auch bei *Personifikationen* immer zwischen dem Gesagten und dem Gemeinten unterschieden werden:

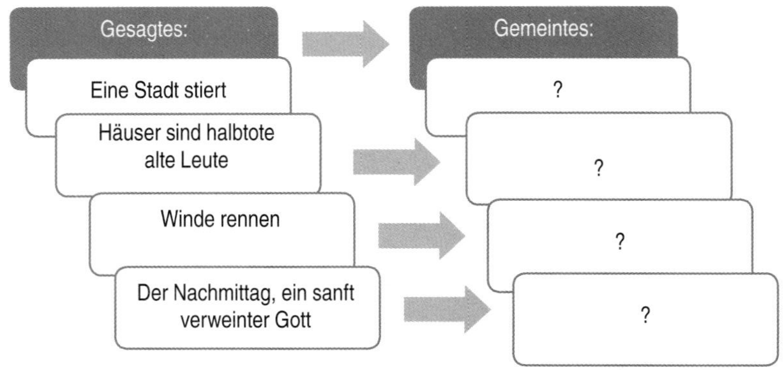

Alfred Lichtenstein (1889–1914)
Die Stadt

Ein weißer Vogel ist der große Himmel.
Hart unter ihn geduckt stiert[1] eine Stadt.
Die Häuser sind halbtote alte Leute.

Griesgrämig glotzt ein dünner Droschkenschimmel[2].
Und Winde, magre Hunde, rennen matt.
An scharfen Ecken quietschen ihre Häute.

In einer Straße stöhnt ein Irrer: Du, ach, du –
Wenn ich dich endlich, o Geliebte, fände ...
Ein Haufen um ihn staunt und grinst voll Spott.

Drei kleine Menschen spielen Blindekuh –
Auf alles legt die grauen Puderhände
Der Nachmittag, ein sanft verweinter Gott.

Worterklärungen:
[1] stieren: glasig, starr, ausdruckslos (ins Leere) schauen
[2] Droschke: Kutsche

Synästhesie

Synästhesien stellen Sonderformen der *Metapher* dar, bei denen Eigenschaftsbezeichnungen aus einem Bereich der sinnlichen Wahrnehmung (hören, sehen, schmecken, riechen, tasten) in einen anderen übertragen werden: *schreiendes Rot, heiße Musik, süßer Ton, eisiger Blick, bitterer Schmerz.*

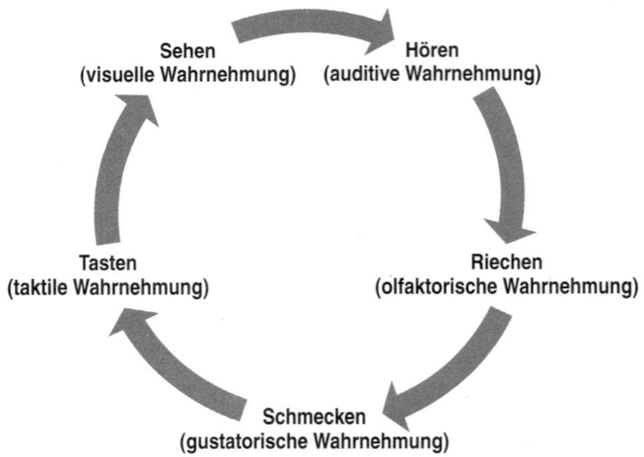

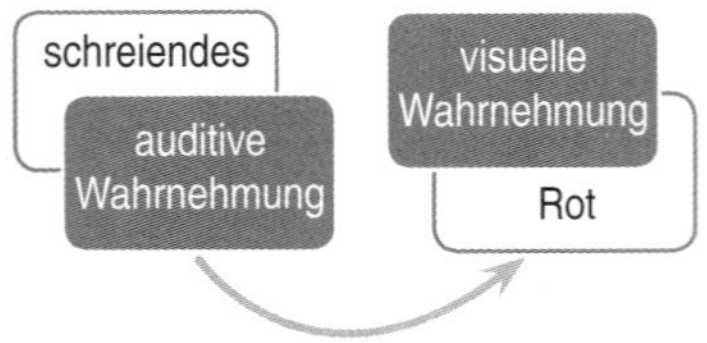

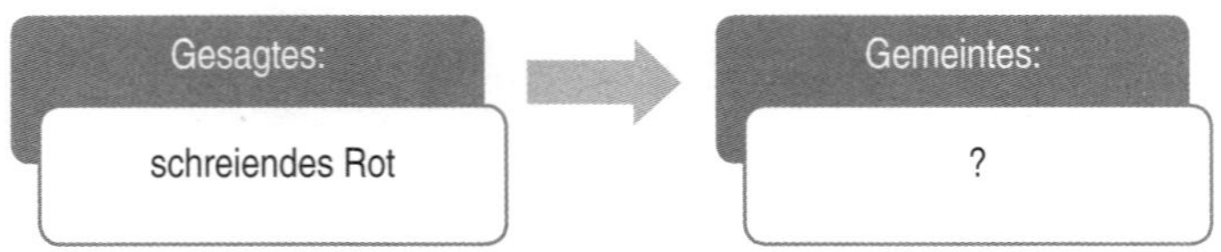

Oskar Loerke (1884–1941)
Blauer Abend in Berlin

Der Himmel fließt in steinernen Kanälen;
Denn zu Kanälen steilrecht[1] ausgehauen
Sind alle Straßen, voll vom Himmelblauen;
Und Kuppeln gleichen Bojen, Schlote Pfählen

Im Wasser. Schwarze Essendämpfe[2] schwelen
Und sind wie Wasserpflanzen anzuschauen.
Die Leben, die sich ganz am Grunde stauen,
Beginnen sacht vom Himmel zu erzählen,

Gemengt, entwirrt nach blauen Melodien.
Wie eines Wassers Bodensatz[3] und Tand[4]
Regt sie des Wassers Wille und Verstand

Im Dünen[5], Kommen, Gehen, Gleiten, Ziehen.
Die Menschen sind wie grober bunter Sand
Im linden[6] Spiel der großen Wellenhand.

Worterklärungen:
[1] steilrecht: steil in die Höhe gehend
[2] Esse: Schornstein, Fabrikschlot
[3] Bodensatz: feste Bestandteile einer Flüssigkeit, die sich am Boden (eines Gefäßes) abgesetzt haben
[4] Tand: veraltete Bezeichnung für einen hübschen Gegenstand ohne Wert
[5] dünen: Auf und Ab der Wellen, durch den Wind hervorgerufener Seegang mit gleichmäßigen Wellen
[6] lind: sanft, zart, freundlich

Sprachliche Bilder bestimmen

Schritt 1:
Unterstreiche die sprachlichen Bilder des Gedichts und bestimme die jeweilige Form des sprachlichen Bildes.

Metapher	Vergleich	Personifikation	Synästhesie
Bild (als Zitat): …	Bild: …	Bild: …	Bild: …

Schritt 2:
Verdeutliche die Bedeutung der sprachlichen Bilder, indem du in eigenen Worten ihre Bedeutung wiedergibst.

Gesagtes:	→	Gemeintes:
?		?
?		?
?		?

Alfred Wolfenstein (1883–1945)
Städter

Nah wie Löcher eines Siebes stehn
Fenster beieinander, drängend fassen
Häuser sich so dicht an, daß die Straßen
Grau geschwollen wie Gewürgte sehn.

Ineinander dicht hineingehakt
Sitzen in den Trams[1] die zwei Fassaden
Leute, wo die Blicke eng ausladen
Und Begierde ineinander ragt.

Unsre Wände sind so dünn wie Haut,
Daß ein jeder teilnimmt, wenn ich weine,
Flüstern dringt hinüber wie Gegröhle:

Und wie stumm in abgeschloßner Höhle
Unberührt und ungeschaut
Steht doch jeder fern und fühlt: alleine.

Worterklärung:
[1] Tram: Straßenbahn

Georg Trakl (1887–1914)
Die schöne Stadt

Alte Plätze sonnig schweigen.
Tief in Blau und Gold versponnen
Traumhaft hasten sanfte Nonnen
Unter schwüler Buchen Schweigen.

Aus den braun erhellten Kirchen
Schaun des Todes reine Bilder,
Großer Fürsten schöne Schilder.
Kronen schimmern in den Kirchen.

Rösser tauchen aus dem Brunnen.
Blütenkrallen drohn aus Bäumen.
Knaben spielen wirr von Träumen
Abends leise dort am Brunnen.

Mädchen stehen an den Toren,
Schauen scheu ins farbige Leben.
Ihre feuchten Lippen beben
Und sie warten an den Toren.

Zitternd flattern Glockenklänge,
Marschtakt hallt und Wacherufen.
Fremde lauschen auf den Stufen.
Hoch im Blau sind Orgelklänge.

Helle Instrumente singen.
Durch der Gärten Blätterrahmen
Schwirrt das Lachen schöner Damen.
Leise junge Mütter singen.

Heimlich haucht an blumigen Fenstern
Duft von Weihrauch, Teer und Flieder.
Silbern flimmern müde Lider
Durch die Blumen an den Fenstern.

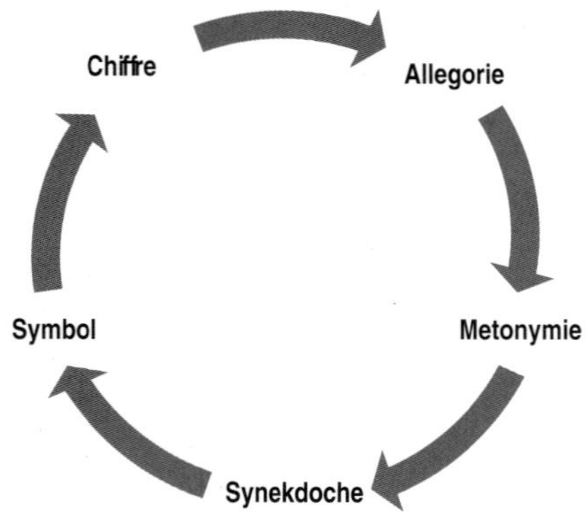

Allegorie

Die *Allegorie* (griechisch: *allo agoreuein* = bildlich reden, anders sagen) ist ein Sprachbild, bei dem abstrakte Begriffe und Gedankengänge sinnbildlich dargestellt werden. *Allegorien* sind erweiterte *Metaphern*, bei denen nicht nur einzelne Worte, sondern ganze Gedanken, die als Sätze oder Satzglieder ausgeführt werden, im übertragenen Sinn zu verstehen sind.

Motiv:
Der Gott der Stadt

→

Allegorien:
…
schaut voll Wut
Städte knien um ihn
Der Schlote Rauch […] /
Ziehn auf zu ihm
im Zorne sträubt

Georg Heym (1887–1912)
Der Gott der Stadt

Auf einem Häuserblocke sitzt er breit.
Die Winde lagern schwarz um seine Stirn.
Er schaut voll Wut, wo fern in Einsamkeit
Die letzten Häuser in das Land verirrn.

Vom Abend glänzt der rote Bauch dem Baal[1],
Die großen Städte knien um ihn her.
Der Kirchenglocken ungeheure Zahl
Wogt auf zu ihm aus schwarzer Türme Meer.

Wie Korybanten[2]-Tanz dröhnt die Musik
Der Millionen durch die Straßen laut.
Der Schlote Rauch, die Wolken der Fabrik
Ziehn auf zu ihm, wie Duft von Weihrauch blaut.

Das Wetter schwelt in seinen Augenbrauen.
Der dunkle Abend wird in Nacht betäubt.
Die Stürme flattern, die wie Geier schauen
Von seinem Haupthaar, das im Zorne sträubt.

Er streckt ins Dunkel seine Fleischerfaust.
Er schüttelt sie. Ein Meer von Feuer jagt
Durch eine Straße. Und der Glutqualm braust
Und frißt sie auf, bis spät der Morgen tagt.

Worterklärungen:
[1] Baal: im Altertum eine Bezeichnung für verschiedene Gottheiten; der babylonische Wettergott Hadad wurde oft mit Baal gleichgesetzt.
[2] Korybanten: Vegetationsdämonen und zügellose Ritualtänzer, die der Göttin Kybele mit Waffentänzen, wilder Musik, Trinkgelagen und hemmungslosen Ausschweifungen huldigten.

Metonymie

Eine *Metonymie* (griechisch: *metonymía*, „Namensvertauschung, Umbenennung“) liegt vor, wenn der sprachliche Ausdruck nicht in seiner eigentlichen, sondern in einem übertragenen Sinn gebraucht wird und zwischen dem wörtlichen und dem übertragenen Sinn ein sehr enger sachlicher oder geistiger Zusammenhang besteht, indem etwa das Besondere durch das Allgemeine oder umgekehrt das Allgemeine durch das Besondere ersetzt wird: *„das Weiße Haus“* (als Bezeichnung für den Amtssitz des US-Präsidenten), *„Goethe lesen“* (statt seiner Werke); *„ein Gläschen trinken“* (statt des Inhalts); *„die ganze Stadt feiert die Meisterschaft“* (statt alle Fans der siegreichen Mannschaft), *„Amor“* und *„Venus“* (für die Liebe).

Im Unterschied zur *Metapher* liegt bei einer *Metonymie* kein Vergleich vor, sondern der ersetzende Begriff steht mit dem ersetzten Begriff in einem realen zeitlichen, räumlichen, ursächlichen, logischen oder erfahrungsmäßigen Zusammenhang.

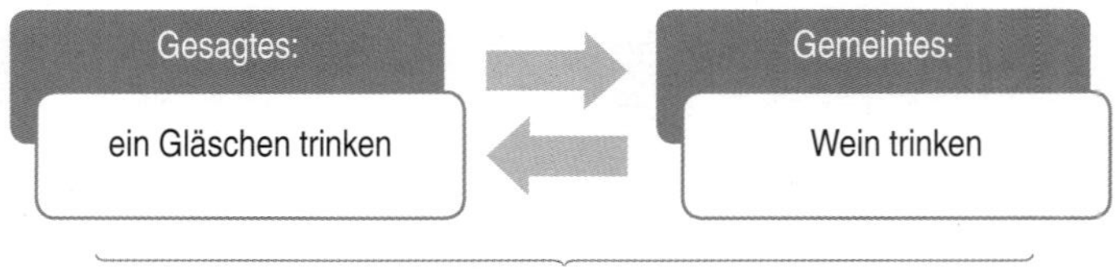

sachlicher Zusammenhang:
Glas als Behälter des Weines

Gottfried Benn (1886–1956)
Schöne Jugend

Der Mund eines Mädchens, das lange im Schilf gelegen hatte,
sah so angeknabbert aus.
Als man die Brust aufbrach, war die Speiseröhre so löcherig.
Schließlich <u>in einer Laube</u> unter dem Zwerchfell
Fand man ein Nest von jungen Ratten.
Ein kleines Schwesterchen lag tot.
Die andern lebten von Leber und Niere,
tranken das kalte Blut und hatten
hier eine schöne Jugend verlebt.
Und schön und schnell kam auch ihr Tod:
Man warf sie allesamt ins Wasser.
Ach, wie die kleinen Schnauzen quietschten!

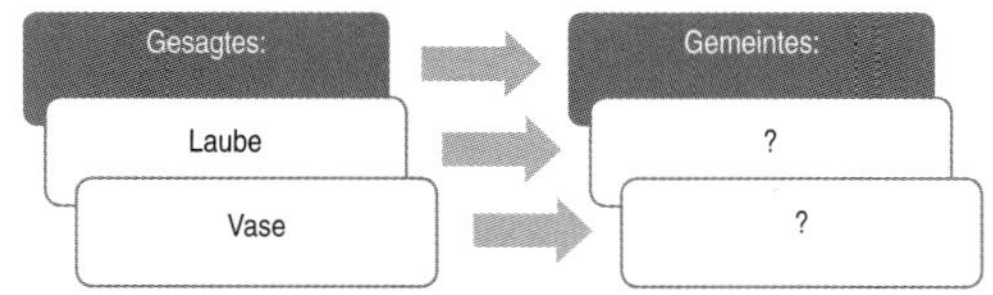

Gottfried Benn (1886–1956)
Kleine Aster

Ein ersoffener Bierfahrer wurde auf den Tisch gestemmt.
Irgendeiner hatte ihm eine dunkelhellila Aster
zwischen die Zähne geklemmt.
Als ich von der Brust aus
unter der Haut
mit einem langen Messer
Zunge und Gaumen herausschnitt,
muß ich sie angestoßen haben, denn sie glitt
in das nebenliegende Gehirn.
Ich packte sie ihm in die Brusthöhle
zwischen die Holzwolle,
als man zunähte.

Trinke dich satt in deiner <u>Vase</u>!
Ruhe sanft,
kleine Aster!

Synekdoche

Die *Synekdoche* (griechisch: *synekdoché*, „Mitverstehen“) ersetzt – ähnlich wie die *Metonymie* – ein Wort durch einen verwandten Begriff, indem das Wort entweder durch einen engeren Begriff (*pars pro toto*) oder einen weiteren Begriff (*totum pro parte*) ersetzt wird.

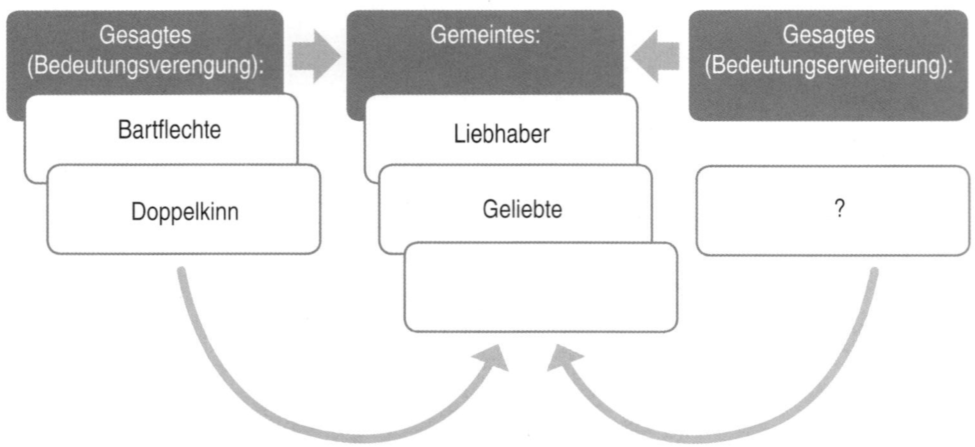

Gottfried Benn (1886–1956)
Nachtcafé

824: Der Frauen Liebe und Leben.
Das Cello trinkt rasch mal. Die Flöte
rülpst tief drei Takte lang: das schöne Abendbrot.
Die Trommel liest den Kriminalroman zu Ende.

Grüne Zähne, Pickel im Gesicht
winkt einer Lidrandentzündung.

Fett im Haar
spricht zu offenem Mund mit Rachenmandel
Glaube Liebe Hoffnung um den Hals.

Junger Kropf ist Sattelnase gut.
Er bezahlt für sie drei Biere.

Bartflechte kauft Nelken,
Doppelkinn zu erweichen.

B-moll: die 35. Sonate
Zwei Augen brüllen auf:
Spritzt nicht das Blut von Chopin[1] in den Saal,
damit das Pack drauf rumlatscht!
Schluß! He, Gigi! –

Die Tür fließt hin: Ein Weib.
Wüste ausgedörrt. Kanaanitisch[2] braun.
Keusch. Höhlenreich. Ein Duft kommt mit.
Kaum Duft.
Es ist nur eine süße Verwölbung der Luft
gegen mein Gehirn.

Eine Fettleibigkeit trippelt hinterher.

Worterklärungen:
[1] Chopin: Frédéric François Chopin, Pianist und Komponist des 19. Jahrhunderts
[2] kanaanitisch: aus Kanaan stammend; Kanaan = biblisches Land

Symbol

Man spricht von einem *Symbol* (griechisch: *symbolon*, etwas Zusammengefügtes), wenn das Wort auf einen höheren, allgemeineren Sinnbereich verweist, den es bildhaft darstellt: *Taube* (für Frieden), *Eule* (für die Weisheit), *Kreuz* (für das Christentum), *Rose* (für die Schönheit), *Nachtigall, Herz* (für die Liebe), *rot* (Liebe), *grün* (Hoffnung), *Lilie, weiß* (Unschuld), *Sonne* (Leben, Kraft), *Sonnenblume* (Licht, Wachstum), *Krähe* (Weisheit und Geschicklichkeit, aber auch Tod und Verderben).

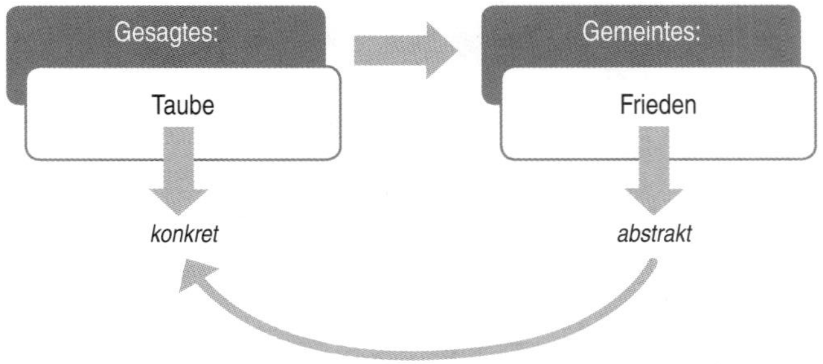

Paul Boldt (1885–1921)
Berlin

Die Stimmen der Autos wie Jägersignale
Die Täler der Straßen bewaldend ziehn.
Schüsse von Licht. Mit einem Male
Brennen die Himmel auf Berlin.

Die Spree[1], ein Antlitz wie der Tag,
Das glänzend meerwärts späht nach Rettern,
Behält der wilden Stadt Geschmack,
Auf der die Züge krächzend klettern.

Die blaue Nacht fließt in der Forst.
Sie fühlt, geblendet, daß du lebst.
Schnellzüge steigen aus dem Horst[2]!
Der weiße Abend, den du webst,
Fühlt, blüht, verblättert in das All.
Ein Menschenhände-Fangen treibst du
Um den verklungnen Erdenball
Wie hartes Licht; und also bleibst du.

Wer weiß, in welche Welten dein
Erstarktes Sternenauge schien,
Stahlmasterblühte Stadt aus Stein,
Der Erde weiße Blume, Berlin.

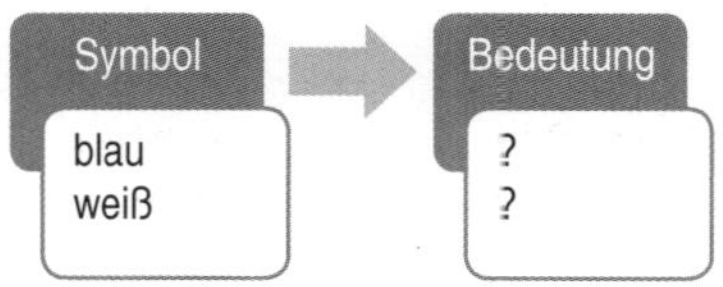

Worterklärungen:
[1] Spree: Nebenfluss der Havel, der durch Berlin fließt
[2] Horst: Nest von Greifvögeln oder anderen großen Vögeln

Georg Heym (1887–1912)
Vorortbahnhof
(Berlin VI)

Auf grüner Böschung glüht des Abends Schein.
Die Streckenlichter glänzen an den Strängen[1],
Die fern in einen Streifen sich verengen
– Da braust von rückwärts schon der Zug herein.

Die Türen gehen auf. Die Gleise schrein
Vom Bremsendruck. Die Menschenmassen drängen
Noch weiß vom Kalk und gelb vom Lehm. Sie zwängen
Zu zwanzig in die Wagen sich herein.

Der Zug fährt aus, im Bauch die Legionen[2].
Er scheint in tausend Gleisen zu verirren,
Der Abend schluckt ihn ein, der Strang ist leer.

Die roten Lampen schimmern von Balkonen.
Man hört das leise Klappern von Geschirren
Und sieht die Esser halb im Blättermeer.

Worterklärungen:
[1] Strang: Eisenbahnschienen
[2] Legion: große Anzahl, Menge

Chiffre

Chiffren (französisch: Ziffer, Kennwort bzw. Geheimzeichen) sind eine Form des *Symbols* mit verschlüsselter Bedeutung. *Chiffren* drücken einen von der ursprünglichen Bedeutung der Wörter unabhängigen Sinn aus, den der Autor ihnen zugewiesen hat. Aus diesem Grund kann der Sinn einer *Chiffre* nur aus dem Zusammenhang des Textes erschlossen werden.

Gottfried Benn (1886–1956)
Ein Wort

Ein Wort, ein Satz –: aus Chiffren steigen
erkanntes Leben, jäher Sinn,
die Sonne steht, die Sphären[1] schweigen,
und alles ballt sich zu ihm hin.

Ein Wort – ein Glanz, ein Flug, ein Feuer,
ein Flammenwurf, ein Sternenstrich –
und wieder Dunkel, ungeheuer,
im leeren Raum um Welt und Ich

Worterklärung:
[1] Sphäre: Himmelskugel

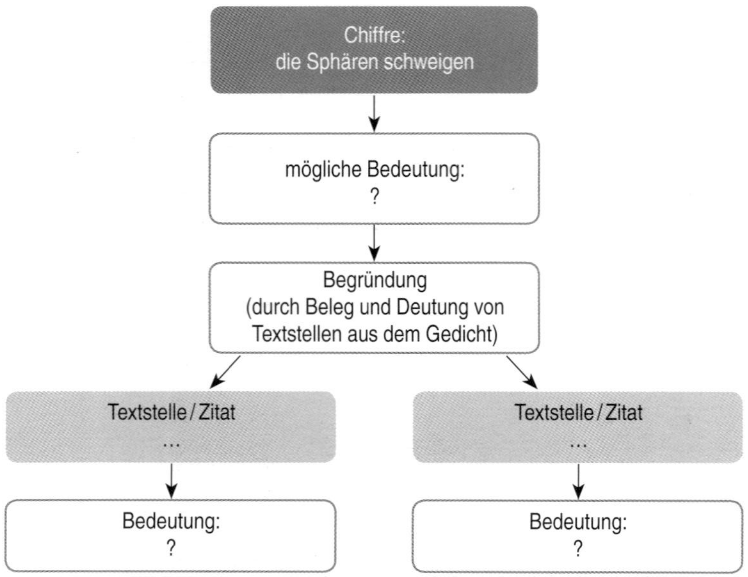

Georg Trakl (1887–1914)
An die Verstummten

O, der Wahnsinn der großen Stadt, da am Abend
An schwarzer Mauer verkrüppelte Bäume starren,
Aus silberner Maske der Geist des Bösen schaut;
Licht mit magnetischer Geißel[1] die steinerne Nacht verdrängt.
O, das versunkene Läuten der Abendglocken.

Hure, die in eisigen Schauern ein totes Kindlein gebärt.
Rasend peitscht Gottes Zorn die Stirne des Besessenen,
Purpurne Seuche, Hunger, der grüne Augen zerbricht.
O, das gräßliche Lachen des Golds.

Aber stille blutet in dunkler Höhle stummere Menschheit,
Fügt aus harten Metallen das erlösende Haupt.

Worterklärung:
[1] Geißel: eine Peitschenform, im übertragenen Sinne auch: Plage (Krieg als „Geißel" der Menschheit)

Sprachliche Bilder bestimmen

Schritt 1:
Unterstreiche die sprachlichen Bilder des Gedichts und bestimme die jeweilige Form des sprachlichen Bildes.

Schritt 2:
Verdeutliche die Bedeutung der sprachlichen Bilder, indem du in eigenen Worten ihren Sinn wiedergibst.

Metapher	Allegorie	Metonymie	Synekdoche	Symbol	Chiffre
Bild: …	Bild: …	Bild: …	Bild: …	Bild: …	Bild: …
Bedeutung: …	Bedeutung: …	Bedeutung: …	Bedeutung: …	Bedeutung: …	Bedeutung: …

Georg Heym (1887–1912)
Berlin V

Der Regen rauscht in einer weißen Wand.
Die Wolken fliehn, als ob sie Sturm zerbliese.
Das Regenwasser läuft am Straßenrand
Und auf dem Asphalt hin in heller Brise.

Die Straßenbäume schwanken an den glatten
Pfählen und zeigen weiß den Blättergrund.
Wie eine schwarze Schar von großen Ratten,
So stehn die Schirme vor des Bahnhofs Mund.

Marie Luise Kaschnitz (1901–1974)
Hiroshima[1]

Der den Tod auf Hiroshima warf
Ging ins Kloster, läutet dort die Glocken.
Der den Tod auf Hiroshima warf
Sprang vom Stuhl in die Schlinge, erwürgte sich.
Der den Tod auf Hiroshima warf
Fiel in Wahnsinn, wehrt Gespenster ab
Hunderttausend, die ihn angehn nächtlich
Auferstandene aus Staub für ihn.

Nichts von alledem ist wahr.
Erst vor kurzem sah ich ihn
Im Garten seines Hauses vor der Stadt.
Die Hecken waren noch jung und die Rosenbüsche zierlich.
Das wächst nicht so schnell, dass sich einer verbergen könnte
Im Wald des Vergessens. Gut zu sehen war
Das nackte Vorstadthaus, die junge Frau
Die neben ihm stand im Blumenkleid
Das kleine Mädchen an ihrer Hand
Der Knabe, der auf seinem Rücken saß
Und über seinem Kopf die Peitsche schwang.
Sehr gut erkennbar war er selbst
Vierbeinig auf dem Grasplatz, das Gesicht
Verzerrt von Lachen, weil der Fotograf
Hinter der Hecke stand, das Auge der Welt.

Worterklärung:
[1] Hiroshima: Hafenstadt im Südwesten der japanischen Hauptinsel Honshū. Am 6. August 1945 morgens um 8:15 Uhr Ortszeit warf das amerikanische Bomberflugzeug Enola Gay aus 9450 Metern Höhe die US-amerikanische Atombombe Little Boy über der Metropole ab. Etwa eine Minute später kam es dann 580 Meter über dem Boden zur Explosion. Bei diesem ersten Einsatz einer Atomwaffe in einem Krieg wurden ungefähr 80 % der bis dahin unbeschädigten Stadt zerstört. Dabei wurden schätzungsweise 90.000 Menschen sofort getötet, weitere 90.000 bis 166.000 Menschen starben bis heute an Spätfolgen. Der Bomberpilot Paul Tibbets der Enola Gay bekam zahlreiche Auszeichnungen und wurde Brigadegeneral der US-Navy. Bevor er 2007 starb, verfügte er, dass es keine Trauerfeier und keinen Grabstein geben sollte. So wollte er Demonstrationen verhindern. Seine Asche wurde über dem Ärmelkanal verstreut.

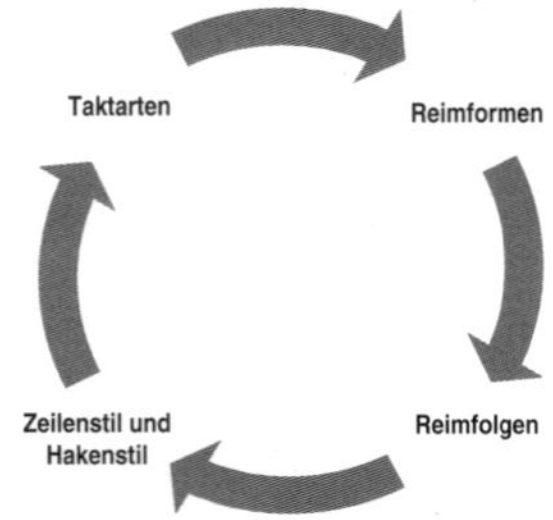

Reimformen

Reine Reime:
Von einem *reinen Reim* spricht man, wenn die Reimsilben zweier Verszeilen gleich ausgesprochen werden.

Hugo von Hofmannsthal (1874–1929)
aus: **Siehst du die Stadt?**

Siehst du die Stadt, wie sie da drüben ruht,
Sich flüsternd schmieget in das Kleid der **Nacht**?
Es gießt der Mond der Silberseide Flut
Auf sie herab in zauberischer **Pracht**.

Unreine Reime:
Unreine Reime entstehen, wenn Vokale oder Konsonanten in Reimwörtern nicht genau übereinstimmen.

Friederike Kempner (1828–1904)
Ihr wißt wohl, wen ich meine

Ihr wißt wohl, wen ich meine,
Die Stadt liegt an der Seine[1],
Entschieden ist's die schönste Stadt,
Die man wohl je gesehen hat,

Ihr Haar ist lang und ist auch dicht,
Sie hat ein wunderbar Gesicht,
Und zauberhaft wie ein Gedicht
Ihr Laut zu meinem Herzen spricht,

Du kennst ach, die Geschichte nicht,
Und wie das Herz ihr brach und bricht
Der Mond mit rotem Scheine
Beleuchtet Stadt und Seine.

Worterklärung:
[1] Seine: Fluss, der durch Paris fließt

Binnenreim:
Ein *Binnenreim* ist ein Reim innerhalb eines Verses.

Natias Neutert (geb. 1941)
Zwei Grillen lebten in Ostberlin

Zwei Grillen lebten in Ostberlin,
die wollten auf die Antillen[1] ziehn.
Per Autostopp auf der Chaussee[2],
ging's ab nach Essen im Lkw.

Im Garten der Villa Hügel[3],
erklang das Konzert ihrer Flügel.
An Meilen blieb noch ziemlich viel,
drum sagt man halt: Weg ist das Ziel.

Worterklärungen:
[1] Antillen: Inselgruppe in der Karibik
[2] Chaussee: veraltete Bezeichnung für eine Landstraße
[3] Villa Hügel: ehemaliges Wohnhaus der Industriellenfamilie Krupp

Frank Becker (geb. 1965)

Es blüht nach Süd der Flieder
nun auch im Stadtpark wieder.

Anfangsreim:
Die ersten Wörter zweier aufeinanderfolgender Verse reimen sich.

Frank Becker (geb. 1965)

Heiter zog ich nach Mölln,
Weiter dann später nach Köln.

Reimfolgen

Paarreim (aabb):
Zwei unmittelbar aufeinanderfolgende Verszeilen reimen sich.

Joachim Ringelnatz (1883–1934)
aus: **Die Ameisen**

In Hamburg lebten zwei **Ameisen**, a
Die wollten nach Australien **reisen**. a
Bei Altona[1] auf der Chaussee[2] b
Da taten ihnen die Beine weh, b
Und da verzichteten sie weise c
Denn auf den letzten Teil der Reise. c

Worterklärungen:
[1] Altona: Hamburger Bezirk
[2] Chaussee: veraltete Bezeichnung für eine Landstraße

Kreuzreim (abab):
Jede Verszeile reimt sich mit der übernächsten, wodurch vier Verszeilen miteinander verbunden werden.

Georg Heym (1887–1912)
aus: **Die Dämonen der Städte**

Sie wandern durch die Nacht der Städte **hin**, a
Die schwarz sich ducken unter ihrem Fuß. b
Wie Schifferbärte stehen um ihr **Kinn** a
Die Wolken schwarz vom Rauch und Kohlenruß. b

Umarmender Reim (abba):
Ein Reimpaar wird von einem weiteren Reim umschlossen.

Georg Heym (1887–1912)
Berlin I

Beteerte Fässer rollten von den **Schwellen** a
Der dunklen Speicher auf die hohen Kähne. b
Die Schlepper zogen an. Des Rauches Mähne b
Hing rußig nieder auf die öligen **Wellen**. a

Identischer Reim: Ein *identischer Reim* liegt vor, wenn ein und dasselbe Wort gereimt wird.

Theodor Storm (1817–1888)
aus: **Die Stadt**

Am grauen Strand, am grauen **Meer** a
Und seitab liegt die Stadt; b
Der Nebel drückt die Dächer schwer,
Und durch die Stille braust das **Meer** a
Eintönig um die Stadt. b

Verschränkter Reim (abcabc):
Drei verschiedene Reime überkreuzen sich.

Alfred Lichtenstein (1889–1914)
aus: **Die Stadt**

Ein weißer Vogel ist der große **Himmel**. a
Hart unter ihn geduckt stiert eine Stadt. b
Die Häuser sind halbtote alte Leute. c

Griesgrämig glotzt ein dünner Droschken**schimmel**. a
Und Winde, magre Hunde, rennen matt. b
An scharfen Ecken quietschen ihre Häute. c

Waise (markiert mit x oder y):
Als *Waise* bezeichnet man einen ungereimten Vers in einem sonst gereimten Gedicht.

Theodor Storm (1817–1888)
aus: **Die Stadt**

Doch hängt mein ganzes Herz an dir, a
Du graue Stadt am **Meer**; b
Der Jugend Zauber für und für x
Ruht lächelnd doch auf dir, auf dir, a
Du graue Stadt am **Meer**. b

Unterbrochener Reim (axay oder xaya):
Beim *unterbrochenen Reim* reimt sich nur jede zweite Verszeile.

Hugo von Hofmannsthal (1874–1929)
aus: **Spaziergang**

Ich ging durch nächtige Gassen x
Bis zum verstaubten **Rand** a
Der großen Stadt. Da kam ich y
An eine Bretter**wand** a

Zeilenstil und Hakenstil

Zeilenstil:
Wenn das Ende eines Satzes oder eines Satzteils mit dem Ende eines Verses zusammenfällt, spricht man vom sogenannten *Zeilenstil*. Der *Zeilenstil* ist der Normalfall und muss bei der Analyse und Interpretation nicht erläutert werden.

Georg Heym (1887–1912)
aus: **Laubenfest – Berlin VII**

Gesumm von Stimmen auf den schmalen Wegen.
Musik von Trommeln und von Blechtrompeten.
Es steigen auf die ersten der Raketen
Und platzen oben in den Silberregen.

Hakenstil:
Satz- und Versende fallen nicht zusammen, sondern der Vers greift über die nächste Zeile über. Enden die meisten oder alle Verszeilen einer Strophe mit einem Zeilensprung, auch *Enjambement* genannt, spricht man vom *Hakensprung*. Der *Hakenstil* widerspricht den Erwartungen des Lesers. Deshalb muss bei der Analyse eines Gedichts hierauf immer eingegangen werden.

Georg Heym (1887–1912)
aus: **Der Gott der Stadt**

Auf einem Häuserblocke sitzt er breit.
Die Winde lagern schwarz um seine Stirn.
Er schaut voll Wut, wo fern in Einsamkeit
Die letzten Häuser in das Land verirrn.

Vom Abend glänzt der rote Bauch dem Baal,
Die großen Städte knien um ihn her.
Der Kirchenglocken ungeheure Zahl
Wogt auf zu ihm aus schwarzer Türme Meer.

Taktarten

Die Zeilen eines Gedichts werden *Verse* oder *Verszeilen* genannt, die ihrerseits in einzelne *Takte* zerlegt werden können. Die Anzahl der betonten Silben in einem Vers bestimmt den Zeilentyp, weswegen von zweihebigen *(Dimeter)*, dreihebigen *(Trimeter)*, vierhebigen *(Tetrameter)*, fünfhebigen *(Pentameter)*, sechshebigen *(Hexameter)* usw. Versen gesprochen wird.

Die einzelnen Takte eines Gedichts werden einerseits danach unterschieden, ob sie aus zwei (wie der *Jambus* und der *Trochäus*) oder drei Silben (wie der *Daktylus* und der *Anapäst*) bestehen sowie danach, ob die erste Silbe eines Taktes betont (*Trochäus* und *Daktylus*) oder unbetont (*Jambus* und *Anapäst*) ist. Die einzelnen Takte werden mit einem sogenannten *Taktstrich* (|) voneinander abgegrenzt.

Jambus:
Den *Jambus* empfindet man als frisch, belebend, manchmal auch gleitend oder dynamisch. Die *jambische* Verszeile wirkt oft glatt, schmiegsam, ja weich, aber dennoch eher verbindlich:

X X' | X X' | X X' | X X' | X
„Es schlug mein Herz geschwind zu Pferde!" (Johann Wolfgang von Goethe)

Trochäus:
Der *Trochäus* gibt dem Vers etwas Gemäßigtes, Heroisches, Festes, auch Schweres. Der Vers drückt manchmal starke (emotionale) Bewegtheit oder Erregung aus, wirkt aber oft auch pochend und nachdrücklich, manchmal auch starr, spröde, ja hart:

X' X | X' X | X' X | X' X
„Fest gemauert in der Erden" (Friedrich Schiller)

Daktylus:
Den *Daktylus* erfährt man als bewegt. Man verwendet ihn daher häufig in Tanzliedern:
X' X X | X' X X
„Früh, wann die Hähne krähn" (Eduard Mörike)

Anapäst:
Der *Anapäst* wird häufig im Wechsel mit anderen Taktarten gebraucht und als belebend empfunden:

X X X' | X X X' | X X X'| X X X'
„Da ergreift's ihm die Seele mit Himmelsgewalt" (Friedrich Schiller)

Legende:
betonte Silbe: X'
unbetonte Silbe: X
Taktstrich: |

Das Reimschema bestimmen

Schritt 1:
Markiere die Reime mit Kleinbuchstaben: a, b, […] sowie die Waisen mit x, y, […].

Schritt 2:
Verbinde zusammengehörende Reime mit einer geschweiften Klammer (}) und bestimme die Reimform.

Schritt 3:
Bestimme anschließend die Reimfolge.

Georg Heym (1887–1912)
aus: **Vorortbahnhof**
(Berlin VI)

		Reimform	Reimfolge
Auf grüner Böschung glüht des Abends Schein.	**a**		
Die Streckenlichter glänzen an den Strängen,	**b**	**reine Reime**	**umarmender Reim**
Die fern in einen Streifen sich verengen	**b**		
– Da braust von rückwärts schon der Zug herein.	**a**		

Schritt 4:
Überlege abschließend, ob Besonderheiten der Reimform und/oder der Reimfolge eine inhaltliche Bedeutung haben.

Besonderheiten der Reimform und/oder der Reimfolge: ?
→
Bedeutung: ?

Klabund (1890–1928)
Man soll in keiner Stadt

Man soll in keiner Stadt länger bleiben als ein halbes Jahr.
Wenn man weiß, wie sie wurde und war,
Wenn man die Männer hat weinen sehen
Und die Frauen lachen,
Soll man von dannen gehen,
Neue Städte zu bewachen.

Läßt man Freunde und Geliebte zurück,
Wandert die Stadt mit einem als ein ewiges Glück.
Meine Lippen singen zuweilen
Lieder, die ich in ihr gelernt,
Meine Sohlen eilen
Unter einem Himmel, der auch sie besternt.

Das Metrum bestimmen

Schritt 1:
Notiere versweise die Silben: X X X [...]

Schritt 2:
Ermittle zunächst die Hebungen *(Betonungen)* der mehrsilbigen Worte, besonders der zweisilbigen, indem du die *Wurzel-* oder *Stammsilben* (= zentraler Teil eines Wortes, dem andere Bestandteile wie Vor-, Nachsilben oder Flexionsendungen angehängt werden: z. B.: leb-en, ge-leb-t, leb-endig) markierst: X X' X X' [...].

Schritt 3:
Versuche, eine Ordnung nach Taktarten im Vers zu entdecken und markiere dann die restlichen Hebungen. Füge dann die Taktstriche ein: X X'|X X' I ...

Schritt 4:
Findest du keine Ordnung im Vers, so vergleiche ihn mit den anderen Versen des Gedichts. Suche nach Übereinstimmungen und markiere dann.

Beispiel:

Georg Heym (1887–1912)
Berlin II

Der hohe Straßenrand, auf dem wir lagen,	XX' I XX' I XX' I XX' I XX' I X
War weiß von Staub. Wir sahen in der Enge	XX' I XX' I XX' I XX' I XX' I X
Unzählig: Menschenströme und Gedränge,	XX' I XX' I XX' I XX' I XX' I X
Und sahn die Weltstadt fern im Abend ragen.	XX' I XX' I XX' I XX' I XX' I X
Die vollen Kremser[1] fuhren durch die Menge.	XX' I XX' I XX' I XX' I XX' I X
Papierne Fähnchen waren drangeschlagen.	XX' I XX' I XX' I XX' I XX' I X
Die Omnibusse, voll Verdeck und Wagen.	XX' I XX' I XX' I XX' I XX' I X
Automobile, Rauch und Hupenklänge.	XX' I XX' I XX' I XX' I XX' I X
Dem Riesensteinmeer zu. Doch westlich sahn	XX' I XX' I XX' I XX' I XX'
Wir an der langen Straße Baum an Baum,	XX' I XX' I XX' I XX' I XX'
Der blätterlosen Kronen Filigran[2].	XX' I XX' I XX' I XX' I XX'
Der Sonnenball hing groß am Himmelssaum.	XX' I XX' I XX' I XX' I XX'
Und rote Strahlen schoß des Abends Bahn.	XX' I XX' I XX' I XX' I XX'
Auf allen Köpfen lag des Lichtes Traum.	XX' I XX' I XX' I XX' I XX'

Worterklärungen:
[1] Kremser: ein überdachter, aber an den Seiten offener Pferdeomnibus, der 10 bis 20 Personen transportieren kann
[2] Filigran: feine Goldschmiedearbeit aus Metallfäden; im weiteren Sinne jede feingliedrige Dekoration

Großstadtlyrik analysieren
Arbeitseinheit 4: Vers- und Strophenbau
2. Grundwissen (Übung)

Gottfried Keller (1819–1890)
In der Stadt

Wo sich drei Gassen kreuzen, krumm und enge,
Drei Züge wallen[1] plötzlich sich entgegen
Und schlingen sich, gehemmt auf ihren Wegen,
Zu einem Knäul und lärmenden Gedränge:

Die Wachtparad' mit gellen Trommelschlägen,
Ein Hochzeitzug mit Geigen und Gepränge[2],
Ein Leichenzug klagt seine Grabgesänge –
Das alles stockt, kein Glied kann sich mehr regen.

Verstummt sind Geiger, Pfaff[3] und Trommelschläger,
Der dicke Hauptmann flucht, daß niemand weiche,
Gelächter schallet aus dem Hochzeitzug.

Doch oben auf den Schultern schwarzer Träger
Starrt in der Mitte kalt und still die Leiche
Mit blinden Augen in den Wolkenflug.

Worterklärungen:
[1] wallen: hier: in eine bestimmte Richtung ziehen
[2] Gepränge: Prachtentfaltung, Prunk
[3] Pfaffe: abwertende Bezeichnung für einen Geistlichen

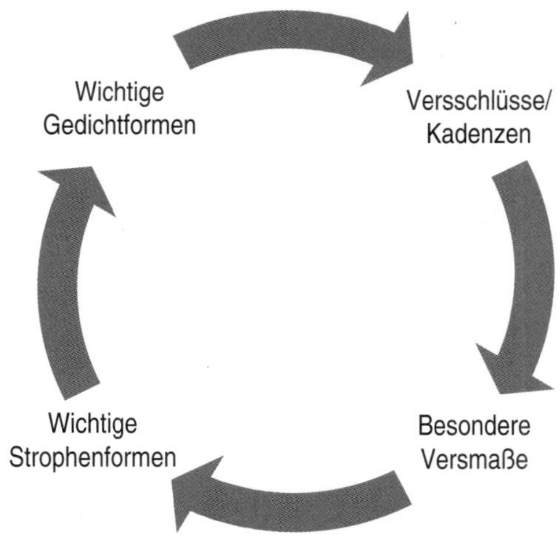

Versschlüsse / Kadenzen

Stumpfe Versschlüsse (männliche Kadenz):
Stumpfe Versschlüsse enden mit einer betonten Silbe, der sogenannten *männlichen Kadenz*. Der *stumpfe Versschluss* endet verhältnismäßig abrupt, er wirkt endgültig oder auch stockend, gegebenenfalls schroff, starr und hart. *Stumpfe Versschlüsse* enden meistens mit einem einsilbigen Wort: *Ruh' – zu*.

Georg Heym (1887–1912)
Berlin V

Der Regen rauscht in einer weißen Wand.
Die Wolken fliehn, als ob sie Sturm zerbliese.
Das Regenwasser läuft am Straßenrand
Und auf dem Asphalt hin in heller Brise.

Die Straßenbäume schwanken an den glatten
Pfählen und zeigen weiß den Blättergrund.
Wie eine schwarze Schar von großen Ratten,
So stehn die Schirme vor des Bahnhofs Mund.

Klingende Versschlüsse (weibliche Kadenz):
Klingende Versschlüsse enden mit einer unbetonten Silbe, der sogenannten *weiblichen Kadenz*. Der *klingende Versschluss* endet allmählicher, er wirkt ausklingend, fließend und gleitend, gegebenenfalls verbindlich, beweglich, weich. *Klingende Versschlüsse* bestehen zumeist aus zweisilbigen Worten mit einer Folge von Hebung und Senkung: *Leiden – scheiden*.

Georg Heym (1887–1912)
Sommernachmittag
(Berlin IV)

Das Wasser schwindet schnell auf dem Asphalt.
Warm steigt sein Dunst zum Himmel, dem verblaßten.
Aus Käsekellern quillt's, und aus den Kasten
Der Blumenläden, wie ein Traum vom Wald.

Es werfen Schatten kaum die kleinen Kronen
Der staubbezogenen Bäume auf die Fliesen.
Und allenthalben sieht man die Markisen,
Weiß, rot und braun auf schlafenden Balkonen.

Markierung der Kadenzen:
Die *männliche Kadenz* wird mit (m) und die *weibliche Kadenz* mit (w) markiert.

Alfred Lichtenstein (1889–1914)
Die Fahrt nach der Irrenanstalt I

Auf lauten Linien fallen fette Bahnen w
Vorbei an Häusern, die wie Särge sind. m
An Ecken kauern Karren mit Bananen. w
Nur wenig Mist erfreut ein hartes Kind. m

Die Menschenbiester gleiten ganz verloren
Im Bild der Straße, elend grau und grell.
Arbeiter fliegen von verkommnen[1] Toren.
Ein müder Mensch geht still in ein Rondell[2].

Ein Leichenwagen kriecht, voran zwei Rappen[3],
Weich wie ein Wurm und schwach die Straße hin.
Und über allem hängt ein alter Lappen –
Der Himmel … Heldenhaft und ohne Sinn.

Worterklärungen:
[1] verkommen: verwahrlost, nicht gepflegt werden und deshalb verfallen
[2] Rondell: Begriff aus dem Festungsbau; meint hier einen Rückzugsort
[3] Rappe: schwarzes Pferd

Besondere Versmaße

Alexandriner:
Darunter versteht man sechshebige *Jamben* mit Reim und fester *Zäsur* (Pause) nach der dritten Hebung, also nach der sechsten Silbe. Das Versende kann sowohl aus einer betonten („männlichen“) als auch aus einer unbetonten („weiblichen“) Silbe bestehen. Je nach Endung ist der Alexandriner damit zwölf- oder dreizehnsilbig:

X X' | X X' | X X' || X X' | X X' | X X' | (X)

Andreas Gryphius (1616–1664)
Als er aus Rom geschieden

Ade! Begriff der welt! Stadt, der nichts gleich gewesen
Und nichts zu gleichen ist, in der man alles sieht
Was zwischen ost und west und nord und suden blüht,
Was die natur erdacht, was je ein mensch gelesen.
Du, derer aschen man nur nicht vorhin mit besen
Auf einen hauffen kehrt, in der man sich bemüht
Zu suchen, wo dein graus (flieht, trüben jahre! flieht),
Bist nach dem fall erhöht, nach langem ach genesen.
Ihr wunder der gemähld', ihr kirchen und prächtigen palläst,
Ob den die kunst erstarr't, du starck-bewehrte fest',
Du herrlichs Vatican, dem man nichts gleich kan bauen,
Ihr bücher, gärten, grüfft[1], ihr bilder, nadeln, stein,
Ihr, die diß und noch mehr schließt in die sinnen ein,
Fahrt wol Ade! Man kan euch nicht satt mit zwey Augen schauen.

Worterklärung:
[1] Grüfft = Gruft: unter- oder oberirdischer Raum, der zur Bestattung von Toten dient

Hexameter:
Der *Hexameter* besteht aus sechs Takten (meistens *Daktylen*), dessen letzter Takt um eine Silbe gekürzt ist.

X' X X | X' X X | X' X X | X' X X | X' X X | X' X

Um Eintönigkeit zu vermeiden, kann an die Stelle des *Daktylus* ein *Spondeus* (ein antiker Versfuß, der aus zwei Hebungen besteht) gesetzt werden. Da es im Deutschen einen reinen *Spondeus* nicht gibt, weil von zwei aufeinanderfolgenden Silben immer eine, meistens die erste, Silbe stärker betont ist (z. B.: „Vollmond“), lässt sich das antike Versmaß an diesen Stellen nur bedingt nachahmen.

Daktylus: X' X X
Spondeus: X' X'

Pentameter:
Entgegen seines Namens ist auch der *Pentameter* ein sechshebiger Vers, der wie der *Hexameter* ein vorwiegend daktylisches Metrum aufweist. Der *Pentameter* ist jedoch metrisch strenger definiert als der *Hexameter*: nach der dritten und sechsten Hebung (Betonung) fallen die Senkungen (unbetonte Silben) weg. Das führt dazu, dass die dritte und vierte Hebung unmittelbar aufeinanderfolgen, also einen sogenannten *Hebungsprall* (Aufeinandertreffen zweier betonter Silben) bilden, der als deutliche *Zäsur* spürbar wird. Diesen *Hebungsprall* kann man als das eigentliche Charakteristikum des Pentameters bezeichnen.

X' X X | X' X X | X' | |X' X X | X' X X |X'

Distichon
Der *Pentameter* kommt fast nur in Kombination mit dem *Hexameter* vor und bildet dann ein *Distichon*.

X' X X | X' X X | X' X X | X' X X | X' X X | X' X
X' X X | X' X X | X' | |X' X X | X' X X |X'

Johann Wolfgang von Goethe (1749–1832)
aus: **Römische Elegie VII**

O wie fühl ich in Rom mich so froh, gedenk ich der Zeiten,
Da mich ein graulicher Tag hinten im Norden umfing,
Trübe der Himmel und schwer auf meine Scheitel sich senkte,
Farb- und gestaltlos die Welt um den Ermatteten lag,
Und ich über mein Ich, des unbefriedigten Geistes
Düstre Wege zu spähn, still in Betrachtung versank.

Wichtige Strophenformen

Volksliedstrophe:
Die *Volksliedstrophe* ist, wie der Name schon sagt, die Form des einfachen Volkslieds und daher von formaler Schlichtheit geprägt. Die Verse der *Volksliedstrophe* sind meist alternierend, das heißt, es gibt einen regelmäßigen Wechsel zwischen unbetonten und betonten bzw. langen und kurzen Silben. Es besteht aber Füllungsfreiheit, d. h. einer Hebung können auch zwei Senkungen folgen. Der Zeilenanfang kann sowohl *auftaktig* (jambisch) als auch *auftaktlos* (trochäisch), das Ende *betont* (männlich) oder *unbetont* (weiblich) sein. Mit drei oder vier Hebungen ist der Volksliedvers relativ kurz. Eine *Volksliedstrophe* besteht meist aus vier, manchmal auch aus sechs Versen, die immer gereimt (Kreuz- oder Paarreim) sind. Entscheidend ist, dass in jedem aus *Volksliedstrophen* bestehenden Gedicht eine Variante dieser Strophenform für das ganze Gedicht verbindlich ist.

Joseph von Eichendorff (1788–1857)
In Danzig
1842

Dunkle Giebel, hohe Fenster,	a	w	X' X | X' X | X' X | X' X
Thürme tief aus Nebeln sehn,	b	m	X' X | X' X | X' X | X'
Bleiche Statuen wie Gespenster	a	w	X' X | X' X | X' X | X' X
Lautlos an den Thüren stehn.	b	m	X' X | X' X | X' X | X'
Träumerisch der Mond drauf scheinet,	c	w	X' X | X' X | X' X | X' X
Dem die Stadt gar wohl gefällt,	d	m	X' X | X' X | X' X | X'
Als läg' zauberhaft versteinet	c	w	X' X | X' X | X' X | X' X
Drunten eine Märchenwelt.	d	m	X' X | X' X | X' X | X'
Ringsher durch das tiefe Lauschen,	e	w	X' X | X' X | X' X | X' X
Über alle Häuser weit,	f	m	X' X | X' X | X' X | X'
Nur des Meeres fernes Rauschen –	e	w	X' X | X' X | X' X | X' X
Wunderbare Einsamkeit!	f	m	X' X | X' X | X' X | X'
Und der Thürmer[1] wie vor Jahren	g	w	X' X | X' X | X' X | X' X
Singet ein uraltes Lied:	h	m	X' X | X' X | X' X | X'
Wolle Gott den Schiffer wahren,	g	w	X' X | X' X | X' X | X' X
Der bei Nacht vorüberzieht.	h	m	X' X | X' X | X' X | X'

Worterklärung:
[1] Türmer: mittelalterliche Bezeichnung für einen Wächter, der von einem Turm aus die Umgebung beobachtete, um die Stadt vor Gefahren zu warnen

Terzine:
Die *Terzine* ist eine dreiversige Strophe, meistens mit jambischen Fünftaktern nach dem Schema *aba/bcb/cdc*/usw. In beliebig weitgehender Fortsetzung wird dabei der umschlungene Vers der ersten *Terzine* zum umschlingenden der zweiten. Die dreiversige Strophenform, die für sich alleine keine Reimauflösung herbeiführen kann, wirkt bisweilen unruhig und weitertreibend.

Stefan George (1868–1933)
Im Park

Rubinen perlen schmücken die fontänen	a	w	X X' | X X' | X X' | X X' | X X' | X
Zu boden streut sie fürstlich jeder strahl	b	m	X X' | X X' | X X' | X X' | X X'
In eines teppichs seidengrünen strähnen	a	w	X X' | X X' | X X' | X X' | X X' | X
Verbirgt sich ihre unbegrenzte zahl	b	m	X X' | X X' | X X' | X X' | X X'
Der dichter dem die vögel angstlos nahen	c	w	X X' | X X' | X X' | X X' | X X' | X
Träumt einsam in dem weiten schattensaal	b	m	X X' | X X' | X X' | X X' | X X'
Die jenen wonnetag erwachen sahen	c	w	X X' | X X' | X X' | X X' | X X' | X
Empfinden heiss von weichem klang berauscht	d	m	X X' | X X' | X X' | X X' | X X'
Es schmachtet leib und leib sich zu umfahen[1]	c	w	X X' | X X' | X X' | X X' | X X' | X
Der dichter auch der töne lockung lauscht	d	m	X X' | X X' | X X' | X X' | X X'
Doch heut darf ihre weise nicht ihn rühren	e	w	X X' | X X' | X X' | X X' | X X' | X
Mit seiner geisterwelt er rede tauscht	d	m	X X' | X X' | X X' | X X' | X X'
Er hat den griffel[2] der sich sträubt zu führen	e	w	X X' | X X' | X X' | X X' | X X' | X

Worterklärungen:
[1] umfahen: veraltete Form für „umfangen“
[2] Griffel: Schreibgerät zur Beschriftung einer Schiefer- oder Wachstafel

Wichtige Gedichtformen

Sonett:
Das *Sonett* zählt zu den strengsten Gedichtformen. Es besteht aus zwei *Quartetten* und zwei *Terzetten* (selten auch aus drei *Quartetten* und einem abschließenden Zweiverser mit *Paarreim*). Die *Quartette* reimen in der Regel *abba / abba / cdc / dcd.* Die deutliche *Zäsur* zwischen den *Quartetten* und den *Terzetten* ermöglicht verschiedene inhaltliche Varianten, z. B. These und Gegenthese, Frage und Antwort, Problem und Lösung.

Georg Heym (1887–1912)
Berlin VIII

Schornsteine stehn in großem Zwischenraum
Im Wintertag, und tragen seine Last,
Des schwarzen Himmels dunkelnden Palast.
Wie goldne Stufe brennt sein niedrer Saum.

Fern zwischen kahlen Bäumen, manchem Haus,
Zäunen und Schuppen, wo die Weltstadt ebbt,
Und auf vereisten Schienen mühsam schleppt
Ein langer Güterzug sich schwer hinaus.

Ein Armenkirchhof ragt, schwarz, Stein an Stein,
Die Toten schaun den roten Untergang
Aus ihrem Loch. Er schmeckt wie starker Wein.

Sie sitzen strickend an der Wand entlang,
Mützen aus Ruß dem nackten Schläfenbein[1],
Zur Marseillaise[2], dem alten Sturmgesang.

Worterklärungen:
[1] Schläfenbein: einer der Knochen des Hirnschädels. Es liegt seitlich im hinteren Schädelbereich und beinhaltet Mittel- und Innenohr.
[2] Marseillaise: Nationalhymne der Französischen Republik

Hymne und Ode:
Die *Hymne* ist ein Preis- und Lobgedicht. Sie hat keine feste Form, oft wird der *freie Vers (französisch: vers libre)*, eingesetzt. *Freie Verse* sind dadurch gekennzeichnet, dass sie metrisch nicht organisiert sind, also keine eindeutige Ordnung der Versfüße erkennbar ist. Außerdem ist für *freie Verse* kennzeichnend, dass die Länge der Verse und die Strophenform nachrangig ist und das Gedicht in erster Linie durch seinen Rhythmus strukturiert ist.

Wie die Hymne zeichnet sich auch die Ode durch eine gegenüber dem Lied hohe Stillage aus. Im Unterschied zur Hymne ist die Ode darüberhinaus durch eine feste metrische Ordnung nach antiken Vorbildern gekennzeichnet.

Friedrich Hölderlin (1770–1843)
Heidelberg

Lange lieb ich dich schon, möchte dich, mir zur Lust,
Mutter nennen, und dir schenken ein kunstloses Lied,
Du, der Vaterlandstädte
Ländlichschönste, so viel ich sah.

Wie der Vogel des Walds über die Gipfel fliegt,
Schwingt sich über den Strom[1], wo er vorbei dir glänzt,
Leicht und kräftig die Brücke[2],
Die von Wagen und Menschen tönt.

Wie von Göttern gesandt, fesselt' ein Zauber einst
Auf die Brücke mich an, da ich vorüber ging,
Und herein in die Berge
Mir die reizende Ferne schien,

Und der Jüngling, der Strom, fort in die Ebne zog,
Traurigfroh, wie das Herz, wenn es, sich selbst zu schön,
Liebend unterzugehen,
In die Fluten der Zeit sich wirft.

Quellen hattest du ihm, hattest dem Flüchtigen
Kühle Schatten geschenkt, und die Gestade[3] sahn
All ihm nach, und es bebte
Aus den Wellen ihr lieblich Bild.

Aber schwer in das Tal hing die gigantische,
Schicksalskundige Burg[4] nieder bis auf den Grund,
Von den Wettern zerissen;
doch die ewige Sonne goß

Ihr verjüngendes Licht über das alternde
Riesenbild, und umher grünte lebendiger
Efeu; freundliche Wälder
Rauschten über die Burg herab.

Sträuche blühten herab, bis wo im heitern Tal,
An den Hügel gelehnt, oder dem Ufer hold,
Deine fröhlichen Gassen
Unter duftenden Gärten ruhn.

Worterklärungen:
[1] Strom: Hölderlin bezieht sich hier auf den Neckar, an dem Heidelberg liegt.
[2] Brücke: Hölderlin bezieht sich auf die Alte Brücke, die die Altstadt mit dem gegenüberliegenden Neckarufer verbindet.
[3] Gestade: dichterisch: Teil des festen Landes, der an das Wasser grenzt; Küste, Ufer
[4] Burg: Hölderlin bezieht sich auf das Heidelberger Schloss, eine berühmte Ruine und das Wahrzeichen von Heidelberg.

Versmaße bestimmen

Schritt 1:
Notiere versweise die Silben: X X X [...]

Schritt 2:
Ermittle zunächst die Hebungen der mehrsilbigen Worte, besonders der zweisilbigen, indem du die Wurzel- oder Stammsilben markierst: X X' X X' [...]

Schritt 3:
Versuche, eine Ordnung nach Taktarten im Vers zu entdecken und markiere dann die restlichen Hebungen. Füge dann die Taktstriche ein: X X'|X X' I ...

Schritt 4:
Findest du keine Ordnung im Vers, so vergleiche ihn mit den anderen Versen des Gedichts. Suche nach Übereinstimmungen und markiere dann.

Ernst Blass (1890–1939)
Sonntagnachmittag

1 Die Töchter liegen weiß auf dem Balkon.
In Oberhemden spielen Väter Kachten[1]:
Ein Roundser[2] steigt nach einem Füll[3] von Achten.
– Und singen tut sich eins der Grammophon[4].

In Straßen, die sich weiß wie Küsse dehnen,
Sind Menschen viel, die sich nach Liebe sehnen.
Noch andre sitzen in Cafés und warten
Die Resultate ab aus Hoppegarten[5].

Der Dichter sitzt im luftigsten Café,
Um sich an Eisschoklade zu erlaben.
Von einem Busen ist er sehr entzückt.

Der Oberkellner denkt hinaus (entrückt)
An Mädchen, Boote, Schilf, ... an Schlachtensee[6].
Der Dichter träumt »... und werde nie sie haben ...«

Worterklärungen:
[1] Kachten: gemeint sind Spielkarten
[2] Roundser: Begriff aus dem Poker-Spiel
[3] Füll: Begriff aus dem Poker-Spiel
[4] Grammophon: Das Grammophon ist ein Gerät zum Aufnehmen und Abspielen von Tönen; Vorläufer des Plattenspielers
[5] Hoppegarten: Galopprennbann in Berlin
[6] Schlachtensee: See im Südwesten Berlins

Kurt Tucholsky (1890–1935)
Augen in der Großstadt

1 Wenn du zur Arbeit gehst
am frühen Morgen,
wenn du am Bahnhof stehst
mit deinen Sorgen:
da zeigt die Stadt
dir asphaltglatt
im Menschentrichter
Millionen Gesichter:
Zwei fremde Augen, ein kurzer Blick,
die Braue, Pupillen, die Lider –
Was war das? vielleicht dein Lebensglück ...
vorbei, verweht, nie wieder.

Du gehst dein Leben lang
auf tausend Straßen;
du siehst auf deinem Gang,
die dich vergaßen.
Ein Auge winkt,
die Seele klingt;
du hasts gefunden,
nur für Sekunden ...
Zwei fremde Augen, ein kurzer Blick,
die Braue, Pupillen, die Lider;
Was war das? kein Mensch dreht die Zeit zurück ...
Vorbei, verweht, nie wieder.

Du mußt auf deinem Gang
durch Städte wandern;
siehst einen Pulsschlag lang
den fremden Andern.
Es kann ein Feind sein,
es kann ein Freund sein,
es kann im Kampfe dein
Genosse sein.
Er sieht hinüber
und zieht vorüber ...
Zwei fremde Augen, ein kurzer Blick,
die Braue, Pupillen, die Lider.
Was war das?
Von der großen Menschheit ein Stück!
Vorbei, verweht, nie wieder.

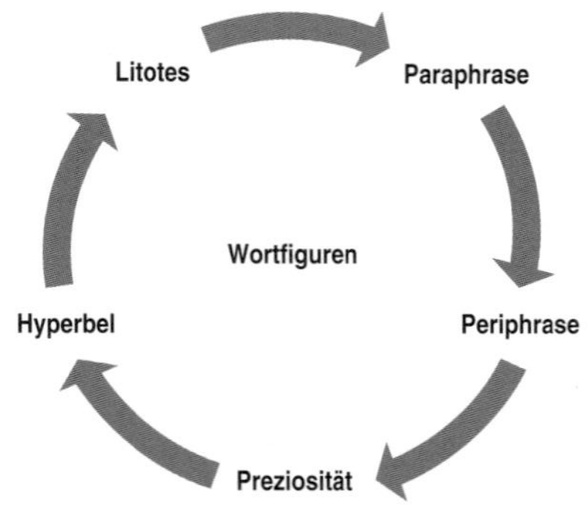

Wortfiguren

Die *Wortfiguren* sind ein Teil der *Stilmittel.* Gemeint sind alle *Stilmittel*, die sich auf die Wörter selbst beziehen und diese verändern.

Paraphrase (erklärende Umschreibung)
Eine *Paraphrase* ist eine erklärende Umschreibung eines Sachverhaltes: *Mir ist nicht wohl bei der Sache* bedeutet: *Ich fürchte mich vor den Konsequenzen.*

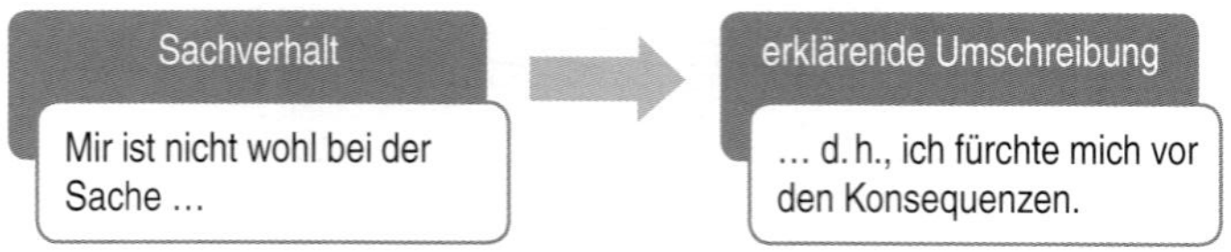

Periphrase (Umschreibung zur Vermeidung von Wiederholungen)
Die *Periphrase* umschreibt eine Person, einen Gegenstand, einen Sachverhalt oder eine Handlung mit mehreren Wörtern. *Periphrasen* werden häufig verwendet, um Wortwiederholungen zu vermeiden: *der Gott der Liebe* (Amor); *gepresste Milch* (Käse)

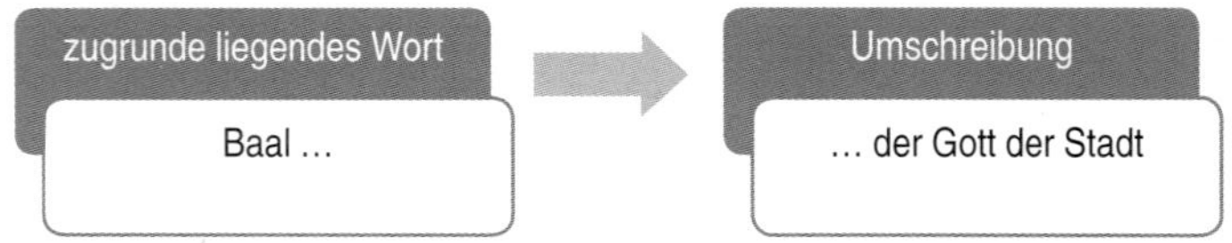

Preziosität (gekünstelte Umschreibung)
Man spricht von einer *Preziosität*, wenn das Umschriebene auf gekünstelte Art und Weise zum Ausdruck gebracht wird: *„Ein unansehnliches Dorf, ja, vielleicht gar ein offenes Feld, oder das Ufer eines Flusses, hat diesem großen Dichter den ersten Atem gegeben."* (Johann Christoph Gottsched, Lob- und Gedächtnisrede auf Martin Opitz)

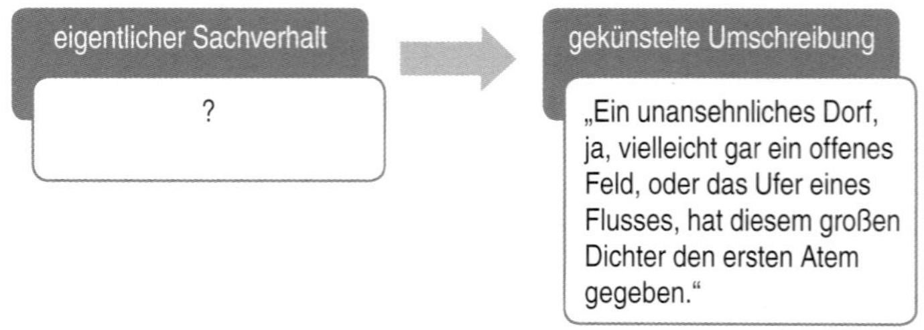

Hyperbel (Übertreibung)
Die *Hyperbel* ist eine Form der Übertreibung, die oft in ironischer Absicht verwendet wird: *„Er hat einen Mund wie ein Scheunentor."* Auch: *blitzsauber, unendlich langsam, wie Sand am Meer*

Litotes (Untertreibung)
Die *Litotes* ist eine Form der Untertreibung, bei der ein Sachverhalt durch die Verneinung seines Gegenteils beschrieben wird, um diesen hervorzuheben: *„Er war nicht gerade dumm."*; *„Ich ärgere mich nicht wenig darüber."*; *„Er sprach nicht ohne Witz über sein Missgeschick."* Die Litotes muss immer im Zusammenhang betrachtet werden.

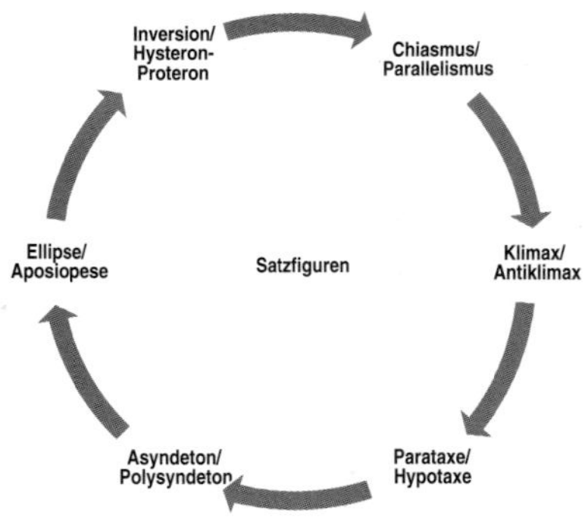

Satzfiguren

Satzfiguren bezeichnen alle Stilmittel, die eine besondere syntaktische Struktur hervorrufen, also den Satz als Ganzes verändern.

Chiasmus
Überkreuzstellung von syntaktisch oder semantisch einander entsprechenden Satzgliedern: *„Sie wissen nicht, was sie wollen, und wollen nicht, was sie wissen.“*; *„Der Einsatz war groß, klein war der Gewinn.“*

Parallelismus
Der *Parallelismus* ist im Gegensatz zum *Chiasmus* die Wiederholung derselben Wortreihenfolge/Satzglieder in aufeinanderfolgenden Sätzen oder Satzteilen: *„Heiß ist die Liebe, kalt ist der Schnee.“*

Chiasmus

Parallelismus

Klimax
Eine *Klimax* besteht aus einer stufenartigen Steigerung von Ausdrücken, d. h. aus einem Übergang vom weniger Bedeutsamen zum Bedeutsamen, vom weniger Ausgeprägten zum Ausgeprägten: *„Er sei mein Freund, mein Engel, mein Gott“* (Friedrich Schiller); *„Er weint, er ist bezwungen, er ist unser!“* (Friedrich Schiller); *„Heute back' ich, morgen brau' ich, übermorgen hol' ich der Königin ihr Kind“* (Gebrüder Grimm); *„Ich kam, sah, siegte.“* (Caesar)

Antiklimax
Im Unterschied zur *Klimax* schwächt die *Antiklimax* den Ausdruck stufenweise ab: *„Um den Papst zirkulieren die Kardinäle. Und um die Kardinäle zirkulieren die Bischöfe. Und um die Bischöfe zirkulieren die Sekretäre.“* (Bertolt Brecht)

Klimax

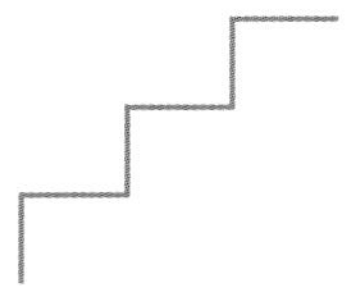

Antiklimax

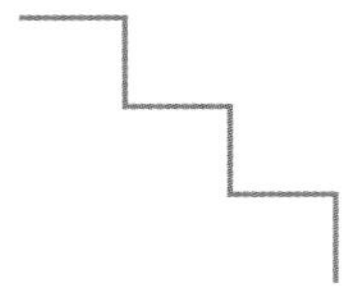

Parataxe
Eine *Parataxe* ist eine Form der Satzverbindung, bei der selbstständige Sätze aneinandergereiht und miteinander verbunden sind: *„Das Haus ist weiß. An der Seite steht ein Stall. Auch der Stall ist weiß. Und hier ist der Garten.“* (Johannes Bobrowski, Brief aus Amerika)

Hypotaxe
Eine *Hypotaxe* ist eine Unterordnung von Nebensätzen unter Hauptsätze. Bei der Verwendung der *Hypotaxe* werden Situationen oder Themen komplex und detailliert dargestellt: *„Ich, der mit meinem Haufen eben in einem Wirtshause abgestiegen und auf dem Platz, wo diese Vorstellung sich zutrug, gegenwärtig war, konnte hinter allem Volk am Eingang einer Kirche, wo ich stand, nicht vernehmen, was diese wunderliche Frau den Herren sagte; dergestalt, dass, da die Leute einander lachend zuflüsterten, sie teile nicht jedermann ihre Wissenschaft mit, und sich des Schauspiels wegen, das sich bereitete, sich sehr bedrängten, ich, weniger neugierig, in der Tat, als um den Neugierigen Platz zu machen, auf eine Bank stieg, die hinter mir im Kircheneingang eingehauen war.“* (Heinrich von Kleist, Michael Kohlhaas)

Parataxe

HS + HS + HS

Hypotaxe

HS — NS — HS

Satzfiguren

Asyndeton
Ein *Asyndeton* ist eine unverbundene Aufzählung: *Alles rennet, rettet, flüchtet* (Friedrich Schiller). Konjunktionen, die man erwarten würde, werden weggelassen.

Polysyndeton
Im Unterschied zum *Asyndeton* spricht man von einem *Polysyndeton* bei einer Aneinanderreihung mit Bindewörtern: *„Und es wallet und siedet und brauset und zischt“* (Friedrich Schiller).

Asyndeton	**Polysyndeton**
——— , ——— ,	——— **und** ——— **und**

Ellipse (Weglassen von Unwichtigem)
Als *Ellipse* bezeichnet man das Auslassen von Satzteilen, auf die verzichtet werden kann, da sie aus dem sprachlichen oder situativen Zusammenhang erschlossen werden können: *„Nicht du, (sondern) ich!“; „(Das) Ende (ist) gut, alles (ist) gut!“; „(Ist) Sonst noch was?“; „(Fährt) Noch jemand ohne Fahrschein?“; „Ohne (ein) Wenn und (ohne ein) Aber.“*

Aposiopese (Verschweigen von Wichtigem)
Die *Aposiopese* ist eine Sonderform der Ellipse, bei der ein Satz abgebrochen wird, bevor er beendet ist. Dabei wird der verschwiegene Teil des Satzes durch eine Pause ersetzt: *„Du willst doch wohl nicht ...!“; „Der kann mich mal ...!“; „Denk mal, die kommen heute zu Besuch und ich schaffe es nicht mehr ...“*

Ellipse	Aposiopese
↓	↓
(Fährt) Noch jemand ohne Fahrschein?	Der kann mich mal ...!

Inversion (Umstellung)
Eine *Inversion* beruht auf einer vom normalen Sprachgebrauch abweichenden Umstellung von Satzgliedern: *„Unendlich ist die jugendliche Trauer.“* (Novalis)

Detlev von Liliencron (1844–1909)
aus: **Der Broadway in New-York**

Die Straße, die den Westen mit dem Osten
Und wieder weiter mit dem Westen bindet,
Betrat ich einst: Der Erde Reichtum fließt
Durch diese Riesenader von New York.
Der Völker bunte Mischung sah ich hasten,
Doch drängte sich der Yankee klug und rastlos
Vor allen hier: in seinen scharfen Augen,
In seinem Rennen, seinem Sinnen lag
Nur eins, die unersättlich große Gier
Nach Gold, auf alle Fälle Geld zu „machen“
Und mich befiel ein Grauen, ratlos fast
Sah ich mich um nach einem Halt. – Da plötzlich
In all dem Schreien, Stoßen, Fluchen, Treiben,
Zog klar vorüber mir ein liebes Bild:

Hysteron-Proteron (falsche Folge)
Das *Hysteron-Proteron* beruht auf einer Umkehrung der zeitlichen oder logischen Reihenfolge einer Aussage. Der spätere Vorgang wird dabei dadurch hervorgehoben, dass er vor dem früheren genannt wird: *„Ihr Mann ist tot und lässt Sie grüßen“* (Johann Wolfgang von Goethe); *„Ich heiße somit Doris und bin getauft und christlich und geboren.“* (Irmgard Keun)

Inversion	Hysteron-Proteron
↓	↓
Aufsteigt der Strahl ... (Conrad Ferdinand Meyer)	Ich heiße somit Doris und bin getauft und christlich und geboren.
↓	↓
Der Strahl steigt auf ...	?

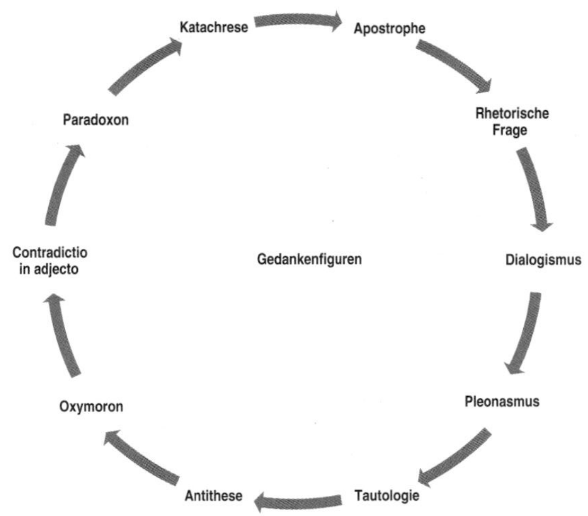

Gedankenfiguren

Gedankenfiguren sind Stilfiguren, die sich auf den Gedankengang, beziehungsweise den Sinn von Aussagen beziehen.

Apostrophe (Anruf)
Eine *Apostrophe* drückt die Hinwendung des Autors oder einer Figur an eine Sache oder eine imaginäre Person aus: *„Erklär mir, Liebe, was ich nicht erklären kann."* (Ingeborg Bachmann)

Sachen	Personen	Götter
Wo ehedem ein Gras war, da sitzest jetzt du, Öltank! *(Bertolt Brecht)*	Ich bitte die Leser hier, den Geist der Sanftmut jedem Laute – weil unsere Worte mehr als unsere Taten die Menschen erzürnen –, aber mehr noch jedem Blatte einzublasen. *(Jean Paul)*	Besinge mir, Gottheit, den Zorn des Peliden Achilleus. *(Homer)*

Rhetorische Frage (scheinbare Frage)
Die *rhetorische Frage* ist eine Frageform, auf die der Sprecher keine Antwort erwartet. Sie dient dazu, eine Aussage zu betonen oder den Zuhörer dazu zu bewegen, die Aussage zu verneinen: *„Machen wir nicht alle Fehler?"; „Seid ihr denn bescheuert?"*

Dialogismus (fingiertes Rede- und Antwortspiel)
Ein *Dialogismus* besteht aus einer Frage eines Sprechers, auf die er keine Antwort seines Zuhörers erwartet, sondern die Antwort selbst unmittelbar gibt. *Dialogismen* werden verwendet, um Argumente zu untermauern, beziehungsweise zu widerlegen: *„Du glaubst doch nicht etwa, dass ich für die Klassenarbeit nicht gelernt hätte? Du weißt doch ganz genau, dass ich wegen der Arbeit auf die Party verzichtet habe!"*

Pleonasmus (Bedeutungsverdopplungen)
Ein *Pleonasmus* liegt dann vor, wenn innerhalb einer bestimmten Wortgruppe eine bestimmte Bedeutung durch Kombination unterschiedlicher Wortarten mehrfach zum Ausdruck gebracht wird: *kaltes Eis; weibliche Bundeskanzlerin; tote Leiche; alter Greis*

Tautologie (Bedeutungswiederholungen)
Tautologien drücken ein und dasselbe durch eine Kombination von Worten der gleichen Wortart aus: *bereits schon; nie und nimmer; Geschäft ist Geschäft.*

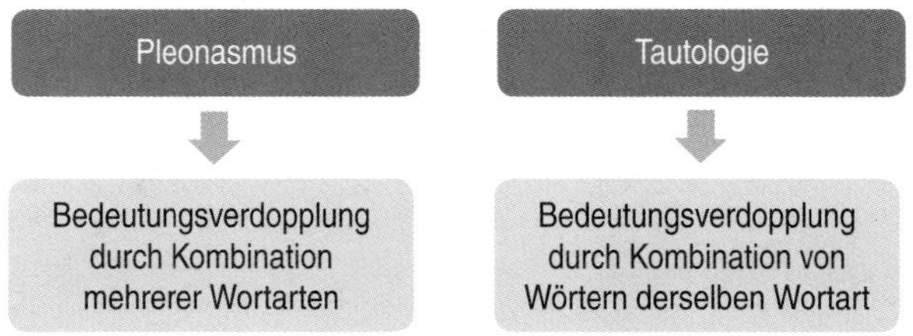

Antithese (Entgegenstellung)
Antithesen sind Zusammenstellungen entgegengesetzter Begriffe. *Antithesen* werden gebildet, um Gegensätze und Gemeinsamkeiten zu betonen: *jung und alt; „Was dieser heute baut, reißt jener morgen ein"* (Andreas Gryphius)

Gedankenfiguren

Oxymoron (Widersprüchlichkeit)
Ein *Oxymoron* liegt vor, wenn eine Formulierung aus zwei gegensätzlichen, sich widersprechen Begriffen gebildet wird. Wie *Tautologien* und *Pleonasmen* bestehen *Oxymora* aus sogenannten Zwillingsformeln. Im Unterschied zu diesen werden mit *Oxymora* aber immer begriffliche Gegensätze zum Ausdruck gebracht: *alter Knabe; schwarze Sonne; Hassliebe; Eile mit Weile.*

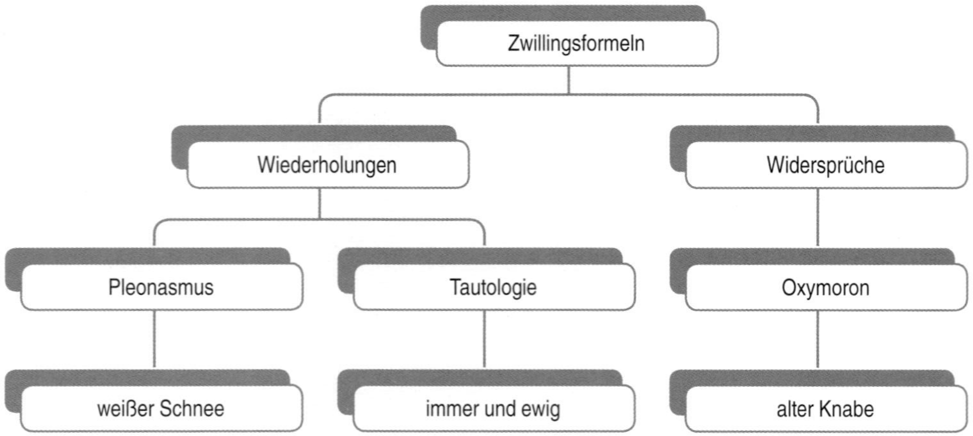

Contradictio in adjecto (Widerspruch im Beiwort)
Eine *Contradictio in adjecto* ist ein Spezialfall des *Oxymorons* und bezeichnet einen logischen Widerspruch zwischen einem Merkmal eines Nomens und einem ihm zugeordneten Adjektiv: *die armen Reichen; ein weiser Narr*

Paradoxon (scheinbarer Widerspruch)
Ein *Paradoxon* veranschaulicht mithilfe eines scheinbaren Widerspruchs eine tiefere Wahrheit: *Weniger ist mehr!; Das Leben ist der Tod, und der Tod ist das Leben.*

Katachrese (Bildsprung)
Eine *Katachrese* besteht aus einer widersprüchlichen Verbindung mehrerer sprachlicher Bilder. Sie war in der Antike ein beliebtes Mittel, um komische Wirkungen zu erzeugen. Wird eine *Katachrese* ungewollt gebildet, wird sie in der Regel als peinlicher Stilfehler wahrgenommen: *Auch ein blindes Huhn legt mal ein Ei.; Wir ziehen alle am selben Boot.; Wenn alle Stricke reißen, hänge ich mich auf!*

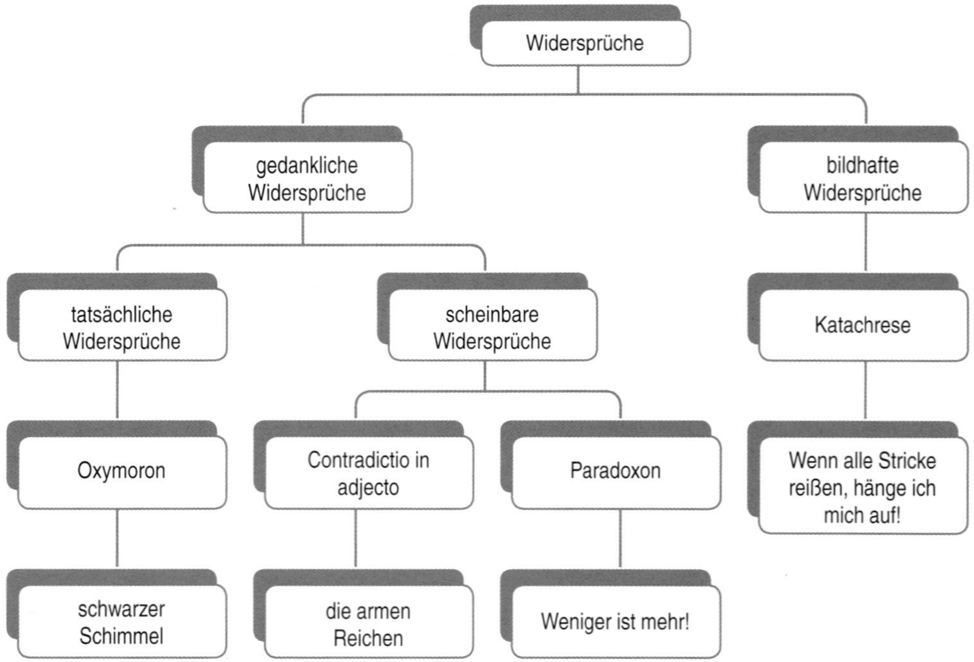

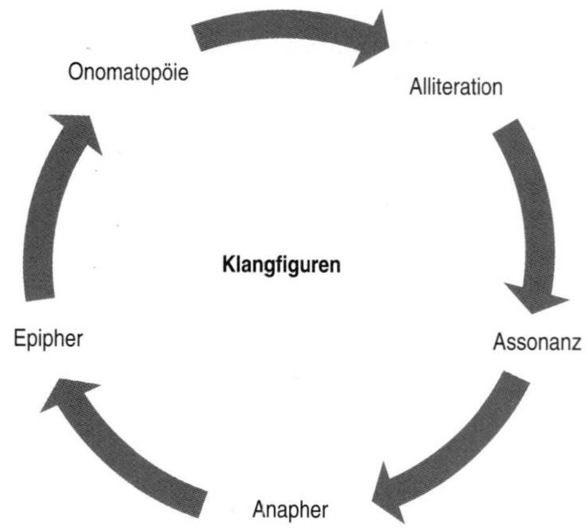

Klangfiguren

Man spricht von *Klangfiguren*, wenn die Klangeigenschaften bestimmter Wörter bewusst eingesetzt werden, um damit bestimmte Wirkungen zu erzielen.

Alliteration (Wiederholung von gleichen oder ähnlichen Lauten am Anfang aufeinanderfolgender Wörter)
Von einer *Alliteration* spricht man, wenn innerhalb einer bestimmten Wortgruppe die betonten Silben der Wörter denselben Anlaut haben. *Alliterationen* spielen nicht nur in der Lyrik, sondern vor allem auch bei Redewendungen und in der Werbung eine große Rolle: *in Bausch und Bogen; Haus und Hof; Mars macht mobil; Spiel, Spaß und Spannung.*

Christian Morgenstern (1871–1914)
aus: **Berlin**

Ich liebe dich bei Nebel und bei Nacht,
wenn deine Linien ineinander schwimmen, –
zumal bei Nacht, wenn deine Fenster glimmen
und Menschheit dein Gestein lebendig macht.

Assonanz (Vokalgleichklang)
Eine *Assonanz* besteht aus der teilweisen Übereinstimmung von Vokalen zweier oder mehrerer benachbarter Wörter. Aus diesem Grund werden *Assonanzen* vielfach auch als unvollständige Reime bezeichnet.

Rainer Maria Rilke (1875–1926)
Spätherbst in Venedig

Nun treibt die Stadt schon nicht mehr wie ein Köder,
der alle aufgetauchten Tage fängt.
Die gläsernen Paläste klingen spröder[1]
an deinen Blick. Und aus den Gärten hängt

der Sommer wie ein Haufen Marionetten
kopfüber, müde, umgebracht.
Aber vom Grund aus alten Waldskeletten
steigt Willen auf: als sollte über Nacht

der General des Meeres die Galeeren[2]
verdoppeln in dem wachen Arsenal[3],
um schon die nächste Morgenluft zu teeren[4]

mit einer Flotte, welche ruderschlagend
sich drängt und jäh, mit allen Flaggen tagend,
den großen Wind hat, strahlend und fatal.

Worterklärungen:
1 spröde: hier: rau, hart klingend, brüchig
2 Galeere: gerudertes Kriegsschiff mit zum Rudern verurteilten Sklaven oder Gefangenen
3 Arsenal: militärische Einrichtung, in der Waffen und andere Geräte der Streitkräfte gelagert, gewartet und repariert werden
4 teeren: mit Teer bestreichen

Klangfiguren

Anapher (Wortwiederholung am Anfang)
Eine *Anapher* bezeichnet die Wiederholung eines Wortes oder einer Wortgruppe am Anfang aufeinanderfolgender Verse, Strophen, Sätze oder Satzteile. *Anaphern* dienen der Strukturierung und Rhythmisierung.

Georg Heym (1887–1912)
Die Stadt

Sehr weit ist diese Nacht. Und Wolkenschein
Zerreißet vor des Mondes Untergang.
Und tausend Fenster stehn die Nacht entlang
Und blinzeln mit den Lidern, rot und klein.

Wie Aderwerk gehn Straßen durch die Stadt,
Unzählig Menschen schwemmen aus und ein.
Und ewig stumpfer Ton von stumpfem Sein
Eintönig kommt heraus in Stille matt.

Gebären, Tod, gewirktes[1] Einerlei,
Lallen der Wehen, langer Sterbeschrei,
Im blinden Wechsel geht es dumpf vorbei.

Und Schein und Feuer, Fackeln rot und Brand,
Die drohn im Weiten mit gezückter Hand
Und scheinen hoch von dunkler Wolkenwand.

Worterklärung:
[1] gewirkt: industriell hergestellter Stoff

Epipher (Wortwiederholung am Schluss)
Eine *Epipher* bezeichnet die Wiederholung eines Wortes oder einer Wortgruppe am Ende aufeinanderfolgender Verse, Strophen, Sätze oder Satzteile. Sie dient wie die *Anapher* der Strukturierung und Rhythmisierung.

Tanja Kelleter, Nachwuchsdichterin
Meine Stadt

Komm doch mit in meine Stadt
Voll Glanz und teurer Liebe
Komm her, ich zeig dir meine Stadt
Voller Hass und voller Diebe

Onomatopöie (Lautmalerei)
Eine *Onomatopöie* ist die Nachahmung eines Naturlautes oder eines anderen akustischen Phänomens.

Alfred Lichtenstein (1889–1914)
Die Nacht

Verträumte Polizisten watscheln bei Laternen.
Zerbrochne Bettler meckern, wenn sie Leute ahnen.
An manchen Ecken stottern starke Straßenbahnen,
Und sanfte Autodroschken fallen zu den Sternen.

Um harte Häuser humpeln Huren hin und wieder,
Die melancholisch ihren reifen Hintern schwingen.
Viel Himmel liegt zertrümmert auf den herben Dingen ...
Wehleidge Kater schreien schmerzhaft helle Lieder.

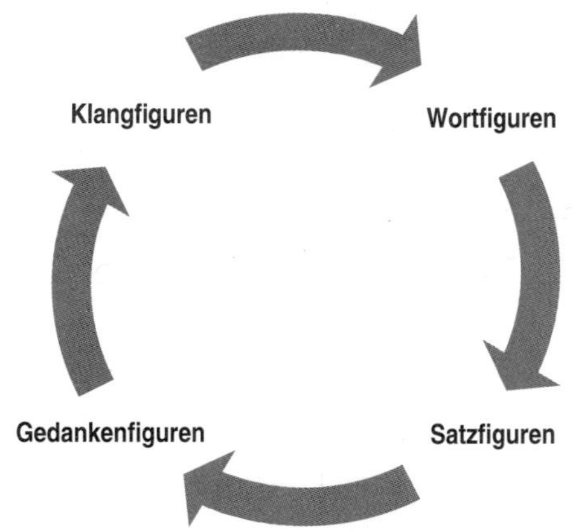

Stilistische Mittel bestimmen

Schritt 1:
Suche gezielt nach Wort-, Satz-, Gedanken- und Klangfiguren.

Schritt 2:
Unterstreiche diese Stilmittel je nach Kategorie in unterschiedlichen Farben.

Alfred Lichtenstein (1889–1914)
Gesänge an Berlin

1.
O du Berlin, du bunter Stein, du Biest.
Du wirfst mich mit Laternen wie mit Kletten[1].
Ach, wenn man nachts durch deine Lichter fließt
Den Weibern nach, den seidenen, den fetten.

So taumelnd wird man von den Augenspielen.
Den Himmel süßt der kleine Mondbonbon.
Wenn schon die Tage auf die Türme fielen
Glüht noch der Kopf, ein roter Lampion.

2.
Bald muß ich dich verlassen, mein Berlin.
Muß wieder in die öden Städte ziehn.
Bald werde ich auf fernen Hügeln sitzen.
In dicke Wälder deinen Namen ritzen.

Leb wohl, Berlin, mit deinen frechen Feuern.
Lebt wohl, ihr Straßen voll von Abenteuern.
Wer hat wie ich von eurem Schmerz gewußt.
Kaschemmen[2], ihr, ich drück euch an die Brust.

3.
In Wiesen und in frommen Winden mögen
Friedliche heitere Menschen selig gleiten.
Wir aber, morsch und längst vergiftet, lögen
Uns selbst was vor beim In-die-Himmel-Schreiten.

In fremden Städten treib ich ohne Ruder.
Hohl sind die fremden Tage und wie Kreide.
Du, mein Berlin, du Opiumrausch, du Luder.
Nur wer die Sehnsucht kennt, weiß, was ich leide[3].

Worterklärungen:
[1] Klette: Pflanze mit Blütenköpfen, die mit Widerhaken versehen sind und sich daher fest anheften können
[2] Kaschemme: verrufenes Gasthaus
[3] Nur wer die Sehnsucht kennt, weiß, was ich leide: Anspielung auf das gleichnamige Goethe-Gedicht, das in dem Roman „Wilhelm Meisters Lehrjahre" vorkommt

Stilistische Mittel deuten

Schritt 1:
Suche gezielt nach Wort-, Satz-, Gedanken- und Klangfiguren.

Schritt 2:
Unterstreiche diese Stilmittel je nach Kategorie in unterschiedlichen Farben.

Schritt 3:
Überlege, welche Wirkungsabsicht mit dem jeweiligen Stilmittel verknüpft sein könnte.

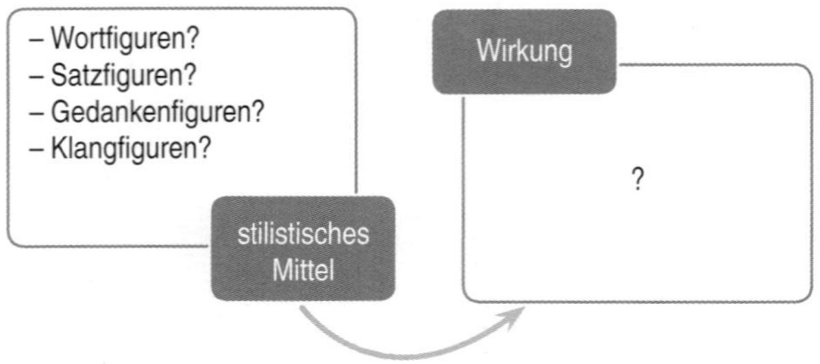

Großstadtlyrik analysieren
Arbeitseinheit 5: Stilistische Mittel
2. Grundwissen (Übung)

Paul Heyse (1830–1914)
Venedig

Nun ist entthront die stolze Wellenbraut,
Die einst den trotz'gen Nacken bog dem Meere.
Nicht wird sie mehr auf goldner Prachtgaleere[1]
Dem ungestümen Freier[2] angetraut.

Doch in der Lenznacht[3], wenn mit Donnerlaut
Die Springflut steigt, dann ist's, als ob die Hehre[4]
Wehrlos dem <u>Element</u> zu eigen wäre,
Auf das sie tags so kühl herniederschaut.

Hoch über die Piazzetta[5] schwillt die Flut
Und braust herein, ersäufend alle Gassen,
Und um San Marco[6] plätschert Ruderschlag.

Das <u>Meer</u> umwirbt die <u>Braut</u> mit Liebeswut,
Doch nur die <u>Füße</u> darf es ihr umfassen
Und schleicht beschämt von dannen lang vor Tag.

Worterklärungen:
[1] Galeere: Kriegsschiff mit zum Rudern verurteilten Sklaven oder Gefangenen
[2] Freier: hier: Mann mit ernsthaften Heiratsabsichten
[3] Lenznacht: poetisch: Frühlingsnacht
[4] Hehre: von „hehr“: erhaben, durch Großartigkeit beeindruckend, Ehrfurcht gebietend
[5] Piazzetta: Der vom Markusplatz in Venedig etwas abgesetzte Teil zwischen Dogenpalast, Biblioteca Marciana und der Lagune heißt Piazzetta San Marco.
[6] San Marco: Markusplatz; der bedeutendste und bekannteste Platz der Lagunenstadt Venedig

Benn, Gottfried: Ein Wort. In: Gottfried Benn: Gedichte. Herausgegeben von Christoph Perels. Reclam: Stuttgart 2006, S. 81.

Benn, Gottfried: Kleine Aster. In: Gottfried Benn: Gedichte. Herausgegeben von Christoph Perels. Reclam: Stuttgart 2006, S. 7.

Benn, Gottfried: Nachtcafé. In: Gottfried Benn. Sämtliche Werke. Stuttgarter Ausgabe. Band 1: Gedichte 1. In Verb. m. Ilse Benn, hrsg. v. Gerhard Schuster. Klett Cotta, Stuttgart 1986.

Benn, Gottfried: Schöne Jugend. In: Gottfried Benn: Gedichte. Herausgegeben von Christoph Perels. Reclam: Stuttgart 2006, S. 7 f.

Blass, Ernst: Arrangement. In: Simplicissimus 15, Nr. 46 (1911). S. 786.

Blass, Ernst: Sonntagnachmittag. In: Ernst Blass: Die Straßen komme ich entlanggeweht. Sämtliche Gedichte. München: Carl Hanser Verlag 1980.

Boldt, Paul: Auf der Terrasse des Café Josty. In: Die Aktion Bd. 2, Jg. 1912, Nr. 46.

Boldt, Paul: Berlin. In: Paul Boldt: Junge Pferde! Junge Pferde! Leipzig: Kurt Wolff Verlag 1917, S. 17.

Brecht, Bertolt: Die Rückkehr. Zitiert nach: Epochen der deutschen Lyrik. Hrsg. v. Walther Killy. Bd. 9. Gedichte 1900–1960. Nach den Erstdrucken in zeitlicher Folge herausgegebenen von Gisela Lindemann, München 1984, S. 358.

Busse, Carl: Berlin. In: Carl Busse: Gedichte von Carl Busse. 4. Auflage. Stuttgart: Verlag von A. G. Liebeskind 1899. S. 126–127.

Eichendorff, Joseph von: In Danzig. 1842. In: Joseph von Eichendorff: Joseph Freiherrn von Eichendorff's sämmtliche Werke. Band 1. Biographische Einleitung und Gedichte. Auflage: 2. Auflage. Leipzig: Voigt & Günther 1864, S. 432.

Fallersleben, August Heinrich Hoffmann von: Römisches Helldunkel. In: Hoffmann von Fallersleben. Auswahl in drei Teilen. Hrsg. mit Einleitung und Anmerkungen versehen von Augusta Weldler-Steinberg. Zweiter Teil. Zeitgedichte, Gelegenheitsgedichte und Trinksprüche. Berlin, Leipzig, Wien, Stuttgart: Deutsches Verlagshaus Bong & Co o. J. [1912], S. 128–129.

Fontane, Theodor: Welches von beiden. In: Deutsche Dichtung. Hrsg. von Karl Emil Franzos. 7. Band. Berlin: Oktober 1889–März 1890.

George, Stefan: Im Park. In: Stefan George: Hymnen, Pilgerfahrten, Algabal. Gesamt-Ausgabe der Werke, Band 2, Berlin 1928, S. 127–129.

Goethe, Johann Wolfgang von: Römische Elegie (VII). In: Johann Wolfgang von Goethe: Werke, Kommentare und Register. Hamburger Ausgabe in 14 Bänden. Band 1: Gedichte und Epen I, 16. Auflage 1996, München (C.H. Beck'sche Verlagsbuchhandlung), S. 162.

Grünbein, Durs: In einer U-Bahn . In: Durs Grünbein: Den Teuren Toten. 33 Epitaphe. 5. Auflage. Frankfurt am Main: Suhrkamp Verlag 1994.

Gryphius, Andreas: Als er aus Rom geschieden. In: Andreas Gryphius: Lyrische Gedichte. Hg. v. Hermann Palm. Tübingen: Litterarischer Verein in Stuttgart 1884 (171ste Publication des Litterarischen Vereins in Stuttgart). S. 152–153.

Hartleben, Otto Erich: Die du so fern bist in der grossen Stadt. In: Otto Erich Hartleben: Meine Verse. Berlin 1905, S. 91–92.

Hebbel, Friedrich: Venedig. In: Friedrich Hebbel: Sämtliche Werke. Sechster Band. Historisch-kritische Ausgabe besorgt von Richard Maria Werner. Berlin 1902.

Heine, Heinrich: Deutschland. Ein Wintermärchen. Caput 3. In: Heinrich Heine: Werke und Briefe in zehn Bänden. Band 1, Berlin und Weimar ²1972, S. 439–442.

Heym, Georg: Berlin I. In: Georg Heym: Dichtungen. München: Kurt Wolff Verlag 1922, S. 7.

Heym, Georg: Berlin II. In: Georg Heym: Das Werk. Verbesserte Lizenzausgabe mit freundlicher Genehmigung der Melzer Verlag GmbH, Neu-Isenburg 2005, S. 730.

Heym, Georg, Berlin III. In: Georg Heym: Das Werk. Verbesserte Lizenzausgabe mit freundlicher Genehmigung der Melzer Verlag GmbH, Neu-Isenburg 2005, S. 735 f.

Heym, Georg: Berlin V. In: Georg Heym: Das Werk. Verbesserte Lizenzausgabe mit freundlicher Genehmigung der Melzer Verlag GmbH, Neu-Isenburg 2005, S. 752.

Heym, Georg: Berlin VIII. In: Georg Heym: Das Werk. Verbesserte Lizenzausgabe mit freundlicher Genehmigung der Melzer Verlag GmbH, Neu-Isenburg 2005, S. 812.

Heym, Georg: Der Gott der Stadt. In: Georg Heym: Dichtungen und Schriften. Band 1, Hamburg, München 1960 ff., S. 190–193.

Heym, Georg: Der Sonntag. In: Georg Heym: Das Werk. Verbesserte Lizenzausgabe mit freundlicher Genehmigung der Melzer Verlag GmbH, Neu-Isenburg 2005, S. 890.

Heym, Georg: Die Dämonen der Städte. In: Georg Heym: Das Werk. Verbesserte Lizenzausgabe mit freundlicher Genehmigung der Melzer Verlag GmbH, Neu-Isenburg 2005, S. 813.

Heym, Georg: Die Stadt. In: Georg Heym: Das Werk. Verbesserte Lizenzausgabe mit freundlicher Genehmigung der Melzer Verlag GmbH, Neu-Isenburg 2005, S. 980.

Heym, Georg: Laubenfest – Berlin VII. In: Georg Heym: Das Werk. Verbesserte Lizenzausgabe mit freundlicher Genehmigung der Melzer Verlag GmbH, Neu-Isenburg 2005, S. 761.

Heym, Georg: Sommernachmittag (Berlin IV). In: Georg Heym: Das Werk. Verbesserte Lizenzausgabe mit freundlicher Genehmigung der Melzer Verlag GmbH, Neu-Isenburg 2005, S. 752.

Heym, Georg: Vorortbahnhof – Berlin VI. In: Georg Heym: Das Werk. Verbesserte Lizenzausgabe mit freundlicher Genehmigung der Melzer Verlag GmbH, Neu-Isenburg 2005, S. 758.

Heyse, Paul: Venedig. In: Paul Heyse: Gesammelte Werke, 3 Reihen in 15 Bänden, Reihe 1, Band 5, Stuttgart 1924, S. 367.

Hofmannsthal, Hugo von: Siehst du die Stadt? In: Hugo von Hofmannsthal: Gesammelte Werke in zehn Einzelbänden. Band 1: Gedichte, Dramen, Frankfurt a.M. 1979, S. 91–92.

Hofmannsthal, Hugo von: Spaziergang. In: Hugo von Hofmannsthal: Gesammelte Werke in zehn Einzelbänden. Band 1: Gedichte, Dramen. Frankfurt a.M. 1979, S. 144–146.

Hölderlin, Friedrich: Heidelberg. In: Friedrich Hölderlin: Sämtliche Werke. 6 Bände, Band 2, Stuttgart 1953, S. 13–15.

Kaschnitz, Marie Luise: Hiroshima. In: Marie Luise Kaschnitz: Gesammelte Werke. Band 5. Die Gedichte. Frankfurt: Insel-Verlag 1985, S. 258 f.

Keller, Gottfried: In der Stadt. In: Gottfried Keller: Sämtliche Werke in acht Bänden, Band 1, Berlin 1958–1961, S. 48–49.

Kempner, Friederike: Ihr wißt wohl, wen ich meine. In: Friederike Kempner: Gedichte. Berlin [8]1903, S. 163–164.

Kirsch, Sarah: Naturschutzgebiet. In: Sarah Kirsch: Erdreich. Gedichte. Stuttgart: DVA 1982, S. 48.

Klabund: Man soll in keiner Stadt. In: Klabund: Morgenrot! Klabund! Die Tage dämmern! Gedichte von Klabund. 2. Auflage. Berlin: Erich Reiß Verlag 1917, S. 25.

Lichtenstein, Alfred: Die Fahrt nach der Irrenanstalt I. In: Alfred Lichtenstein: Gesammelte Gedichte. Zürich 1962, S. 54–55.

Lichtenstein, Alfred: Die Nacht. In: Alfred Lichtenstein: Gesammelte Gedichte. Zürich 1962, S. 44–45.

Lichtenstein, Alfred: Die Stadt. In: Alfred Lichtenstein: Gesammelte Gedichte. Zürich 1962, S. 60–61.

Lichtenstein, Alfred: Gesänge an Berlin. In: Alfred Lichtenstein: Gesammelte Gedichte. Zürich 1962, S. 91–94.

Lichtenstein, Alfred: Sonntagnachmittag. In: Alfred Lichtenstein: Gesammelte Gedichte. Zürich 1962, S. 52–53.

Liliencron, Detlev von: Der Broadway in New York. In: Spiero, Heinrich: Detlev von Liliencron. Sein Leben und seine Werke. 1. und 2. Auflage. Berlin und Leipzig: Schuster & Loeffler 1913, S. 88–89.

Liliencron, Detlev von: In einer großen Stadt. In: Detlev von Liliencron: Adjudantenritte und andere Gedichte, Leipzig 1883, S. 83.

Loerke, Oskar: Blauer Abend in Berlin. In: Oskar Loerke: Gedichte. Auswahl und Nachwort von Hermann Kasack, Frankfurt am Main (S. Fischer) 1954, S. 12.

Mickel, Karl: Hofgeschrei. In: Karl Mickel: Schriften 1. Gedichte 1957–1974. Halle, Leipzig: Mitteldeutscher Verlag 1990.

Morgenstern, Christian: Berlin. In: Christian Morgenstern: Sämtliche Dichtungen. Abteilung 1, Band 7. Basel 1971–1973, S. 37–39.

Morgenstern, Christian: Der Tod und der einsame Trinker: Eine Mitternachtszene. In: Christian Morgenstern: Sämtliche Dichtungen. Abteilung 1, Band 2, Basel 1971–1973, S. 34–35.

Neutert, Natias: Zwei Grillen lebten in Ostberlin. Gedruckte Quelle liegt nicht vor.

Nietzsche, Friedrich: An der Brücke stand. In: Friedrich Nietzsche: Werke in drei Bänden. München 1954, Band 2, S. 1093.

Rilke, Rainer Maria: Spätherbst in Venedig. In: Rainer Maria Rilke: Sämtliche Werke. Band 1–6, Band 1, Wiesbaden und Frankfurt a.M. 1955–1966, S. 609–610.

Ringelnatz, Joachim: Die Ameisen. In: Joachim Ringelnatz: Das Gesamtwerk in sieben Bänden. Band 1: Gedichte, Zürich 1994, S. 65–66.

Schickele, René: Der Potsdamer Platz. In: René Schickele: Weiss und Rot. Gedichte. 2., veränderte und vermehrte Auflage. Berlin: Paul Cassirer 1920.

Storm, Theodor: Die Stadt. In: Theodor Storm: Sämtliche Werke in vier Bänden. Band 1, Berlin und Weimar [4]1978, S. 112.

Trakl, Georg: An die Verstummten. In: Georg Trakl: Das dichterische Werk. München 1972, S. 69.

Trakl, Georg: Die schöne Stadt. In: Georg Trakl: Das dichterische Werk. München 1972, S. 15–16.

Tucholsky, Kurt: Augen in der Großstadt. In: Kurt Tucholsky: Gesammelte Werke in zehn Bänden. Band 8, Reinbek bei Hamburg 1975, S. 69–70.

Wolfenstein, Alfred: Städter. In: Menschheitsdämmerung. Ein Dokument des Expressionismus. Herausgegeben von Kurt Pinthus, Berlin: Rowohlt 1990, S. 45 ff.